HISTOIRE
de
Montmelard

avec Relation des

FAITS PRINCIPAUX

concernant d'autres lieux

suivie d'une Etude spéciale sur

LA FAMILLE

et d'une autre sur

Le Culte des Bienfaiteurs de l'Humanité

J. ROUX, instituteur à Montmelard

1914

HISTOIRE DE MONTMELARD

HISTOIRE

de

Montmelard

avec Relation des

FAITS PRINCIPAUX

concernant d'autres lieux

suivie d'une Etude spéciale sur

LA FAMILLE

et d'une autre sur

Le Culte des Bienfaiteurs de l'Humanité

J. ROUX, instituteur à Montmelard

1914

PRÉFACE

Un peuple qui néglige le culte de ses ancêtres ne mérite pas que les générations futures se préoccupent de lui...

*
* *

C'est en méditant cette pensée que j'ai conçu l'idée du présent livre.

Faire connaître et aimer le sol natal ; développer et entretenir le souvenir de nos aïeux ; transmettre à nos descendants l'image de notre vie actuelle par le récit de nos coutumes et de nos institutions : tel a été le triple but de mon travail.

A ces préoccupations essentielles, j'ai cru devoir ajouter une *Etude spéciale sur la famille*, que j'avais écrite, il y a quelques années. D'ailleurs, le culte de nos ancêtres en général ne comprend-il pas forcément celui de la famille ; c'est-à-dire, des ancêtres à l'égard desquels nous avons une affection toute particulière ?...

C'est pourquoi je n'ai pas hésité à faire figurer la dite *Etude* à la suite de l'*Histoire de Montmelard*.

Les deux sujets me semblent intimement liés, au point de n'en faire qu'un seul.

C'est ce que le lecteur appréciera... Il trouvera, en outre, une *Etude* consacrée au culte des grands *hommes*. — Ces derniers sont encore nos ancêtres. Et nous devons conserver d'eux aussi, un précieux et inoubliable souvenir ; car, ce qu'ils ont fait de grand et de beau intéresse non seulement notre coin de sol natal et notre famille proprement dite, mais l'ensemble de la grande famille humaine répartie sur tous les coins du globe...

J'ai commencé à rassembler les premiers éléments de cet ouvrage, dès le début de mon séjour à Montmelard, il y aura bientôt douze ans.

J'aurais certainement abouti plus tôt dans mon entreprise, sans le souci de mes occupations quotidiennes, de plus en plus absorbantes.

D'autre part, il a fallu me livrer à des recherches multiples et parfois difficiles ; demander des renseignements de toutes sortes et un peu partout.

Aussi, est-ce pour moi l'occasion bien agréable, de témoigner ma plus vive gratitude à toutes les personnes qui m'ont apporté avec une réelle cordialité, leur précieux et bienveillant concours.

J'adresse mes hommages respectueux et reconnaissants à M. Desparrain, inspecteur de l'Enseignement primaire à Mâcon, pour son aimable *Introduction*.

Et je remercie vivement M. J.-Pierre Fargère, propriétaire à Montmelard, de tout le dévouement dont il a fait preuve pour la propagation de ce modeste ouvrage.

MONTMELARD, le 22 janvier 1914.

J. ROUX.

INTRODUCTION

Sollicité par M. Roux d'écrire quelques lignes en tête de cette monographie, j'ai accepté avec empressement.

J'étais heureux de donner ce modeste témoignage d'estime à un collaborateur dévoué, à un instituteur qui s'est attaché à la commune où il exerce au point de l'aimer comme une patrie adoptive. Ces sentiments doivent être encouragés. Trop nombreux sont les fonctionnaires errants qui ne savent se fixer nulle part et ne s'intéressent à rien de ce qui touche les populations. Cet état d'esprit est particulièrement funeste lorsque les instituteurs en sont atteints. Ils ne peuvent exercer leur mission bienfaisante que s'ils inspirent confiance et sympathie. Alors seulement, les intelligences s'ouvrent, les cœurs se donnent et l'œuvre d'éducation s'accomplit, fondée sur l'adhésion volontaire et l'éveil des meilleurs sentiments.

C'est bien l'amour de la petite patrie qui inspire chaque ligne de cette monographie. Le sol est minutieusement décrit et, sous la plume de l'auteur, il se pare de toutes les séductions : sommets élevés d'où l'on découvre des panoramas admirables, flancs de coteaux propices aux stations estivales, vallées profondes et luxuriantes, rien ne manque à ce sol favorisé.

L'auteur évoque ensuite les ancêtres qui l'ont défriché et rendu si accueillant. Que de souffrances, de misères et même de famines ils ont endurées ! La vie des paysans d'autrefois était loin d'être aussi douce qu'elle l'est maintenant ! Et cependant ces rudes ancêtres n'ont jamais désespéré ni de leur sol, ni du labeur opiniâtre qu'ils lui donnaient. Ils chantaient au milieu de leurs souffrances ; ils savaient se ménager des distractions et des fêtes. Ils étaient plus gais et plus sociables que nous. Quel admirable exemple !...

M. Roux a bien raison de le proposer à ses lecteurs et particulièrement à ses élèves. Puissent-ils ne pas être obligés d'émigrer !

Puissent-ils se sentir invinciblement retenus au pays natal et dire avec le poète :

« Plus me plaît le séjour qu'ont bâti mes aïeux
« Que des palais romains le front audacieux ;
« Plus que le marbre dur me plaît l'ardoise fine. »

....

Attachement au pays natal, culte des ancêtres, amour de la famille, tels sont les trois sentiments qui ont inspiré cette monographie. Il n'en est pas de plus respectables. M. Roux s'est fait le bon ouvrier d'une œuvre excellente.

J. DESPARRAIN.
Inspecteur de l'Enseignement primaire.

COMMUNE DE MONTMELARD

Généralités sur le Pays

Montmelard est une des communes comprises dans la région des Cévennes qu'on désigne sous le nom de *Haut-Mâconnais*.

Son altitude relativement élevée lui donne un climat un peu froid, mais très salubre, favorisé d'autre part, par les senteurs hygiéniques des arbres résineux dont l'existence constitue une source de revenus appréciables, depuis le renchérissement considérable de toutes les espèces de bois.

Notre village est situé à 10 kilomètres de Matour, à 8 de Dompierre, à 13 de La Clayette, à 45 de Mâcon, à 70 de Chalon et à 450 de Paris.

L'ensemble du pays est montagneux ; le sommet le plus élevé, Saint-Cyr, à 775 mètres d'altitude. Celle du bourg est de 540 mètres. On y rencontre plusieurs étangs dont le plus vaste, celui de Milliade, mesure près de dix hectares.

La petite rivière qui donne son nom à la commune d'Ozolles, l'*Ozolette*, prend sa source dans la vallée de *Nurux* (étang de M. Tarlet), à 470 m. d'altitude.

L'ensemble des collines et des vallons donne au territoire un aspect varié et pittoresque qui lui vaut l'admiration des touristes et de tous les amateurs de la belle nature.

Nul endroit de nos régions ne conviendrait mieux pour un séjour estival et une bonne cure d'air.

Je crois, — et je donne l'idée pour ce qu'elle vaut — qu'une *Société de capitalistes* ne ferait pas une mauvaise affaire, en construisant sur les flancs ombragés du grand *Saint-Cyr*, quelques villas ou chalets destinés à recevoir, pendant la belle saison, les citadins désireux de réparer leurs forces et de respirer l'air pur des montagnes. Où pourraient-ils bien aller pour être mieux ?...

Montmelard possède deux châteaux fort

anciens : l'un à *Villars*, habité par deux cultivateurs, MM. Deux et Desperrier, fermiers du marquis de la Guiche ; l'autre, occupé par son propriétaire, M. Laroche, actuellement maire de la commune. On distingue encore dans ce dernier manoir, les restes d'une antique chapelle, situés sur une petite éminence qui surplombe le chemin vicinal se dirigeant sur le hameau du *Tronchat*.

A ces deux édifices, on peut encore ajouter la maison de M. Jean-Claude Dury, à *Nurux*, et celle de M. P.-M. Bonnetain, au *Pas*, qui étaient jadis habitées par des seigneurs dont j'ai eu récemment l'occasion de transcrire les noms.

Notre commune a une superficie de 2,222 hectares : 1,480 sont en terres labourables, 452 en prés naturels, 190 en pâturages, pacages et friches et 100 en bois. Il va de soi que ces chiffres, essentiellement variables, ne sont pas d'une exactitude absolue.

La pomme de terre et le blé noir ou sarrasin sont les plantes qui conviennent le mieux au sol, lequel est, en général, de nature siliceuse. Les prés et les pâturages fournissent une herbe de bonne qualité. C'est pourquoi le beurre et les fromages — surtout les fromages de chèvres —

sont activement recherchés de tous les fins gourmets.

L'élevage du bétail et en particulier l'engraissement des porcs constitue pour les cultivateurs un des principaux revenus. Les fruits les plus abondants sont les châtaignes, les noix et les pommes.

Les anciens affirment que les arbres fruitiers étaient autrefois plus nombreux et plus productifs.

En général, le sol est d'une valeur moyenne et il est très bien cultivé. L'emploi des engrais et des instruments aratoires perfectionnés se généralise de plus en plus.

On entend dire couramment par des personnes compétentes en la matière, que Montmelard est une des communes du canton où l'on constate le plus d'aisance parmi les habitants. Et je me garderai de contredire ou même d'affaiblir cette excellente opinion, en vertu du vieux dicton populaire qui prétend, non sans raison, que *bonne renommée vaut ceinture dorée.*

Les limites de la commune ont été, pour la première fois, officiellement établies par une délibération du Conseil municipal (*on disait alors Conseil général*), en date du 21 février 1791. Le

13 mars suivant eut lieu la désignation des *Commissaires* qui furent chargés de la division du territoire en sept sections. Il n'y en a aujourd'hui que cinq : A, B, C, D, E.

Les frontières communales telles qu'elles existent actuellement ont été définitivement arrêtées en 1816, au moment de l'établissement du Cadastre qui nous régit encore.

Plus loin, et sous un titre spécial, je donnerai connaissance du projet de limite élaboré par nos pères, en 1791. A la suite de ce document assez intéressant et curieux, j'indiquerai les noms des conseillers municipaux et des membres faisant partie des Commissions qui ont participé à ce travail de délimitation. (On disait alors *officiers municipaux* au lieu de *conseillers*.) J'ajouterai à ces noms ceux des personnes qui ont assisté le géomètre cadastral et qui ont signé le procès-verbal de 1816.

Répartition de la propriété foncière.

La propriété foncière est assez divisée à Montmelard, moins cependant qu'en certaines régions, qu'à Trambly, par exemple, où les grosses exploitations sont beaucoup plus rares.

Il y a ici, en chiffres ronds, 200 exploitations agricoles cultivées, soit par les propriétaires eux-mêmes, soit par des fermiers.

On en compte approximativement : 15 ayant moins de 1 hectare, 140 ayant de 1 à 10 hectares, 45 ayant de 10 à 30 hectares.

Population.

La population, recensée en mars 1911, était de 933 habitants, répartie entre le bourg et 28 hameaux. A la dite date, le bourg comptait 50 maisons, 60 ménages et 185 personnes. Le plus fort hameau, *Vicelaire*, avait 23 maisons, 24 ménages et 90 habitants. Venaient ensuite : *Vauzelle*, avec 14 maisons, 15 ménages et 57 habitants, puis *Charnay*, avec 14 maisons, 15 ménages et 46 habitants.

En 1906, la population était de 990 habitants ; en 1901, de 978 ; en 1896, de 1,047 ; en 1891, de 1,102 ; en 1884, de 1,106 ; en 1878, de 1,043 ; en 1873, de 1,073 ; en 1862, de 1,203. Elle était de 1,000 habitants en l'année 1790. J'ai puisé ce dernier chiffre dans un vieux document déposé au presbytère communal. Il commence par ces mots : *Paroisse de Montmelard située au milieu de hautes et infructueuses montagnes ayant trois lieues de circonférence et mille individus.*

Le papier en question contient le détail des biens qui appartenaient à la Cure avant 1789. Ils comprenaient, outre le presbytère et le clos qui l'entourait, 21 parcelles de terrain (prés, bois, terres et friches). L'ensemble des revenus, y compris les fondations cultuelles, s'élevait environ à 1,500 livres.

A propos *d'ancien document*, M. le Curé a bien voulu me communiquer un testament datant de l'année 1556 ; il émane d'un sieur de *Mazille*, seigneur de Villars. Ce testament concédait quelques avantages pécuniaires au desservant de l'époque, mais il était chargé de *redevances*, à ce point que le dit prêtre, pourtant parent du donateur, en refusa l'exécution Sur la feuille servant de couverture, on lit ces mots : *J'y renonce* C'était bref, mais net.

Répartition de la population par âge.

(Recensement de 1911.)

De 1 jour à 1 an..........	36	individus.
De 1 an à 20 ans..........	338	—
De 20 ans à 40 ans........	242	—
De 40 ans à 60 ans........	213	—
De 60 ans et au-dessus......	104	—
Total....	933	individus.

Administration. Fonctionnaires.
Employés communaux. Culte.

Conseil municipal élu le 5 mai 1912 (ordre alphabétique) : MM. Jean-Louis Augoyard (1854), Jean-Claude Braillon (1847), Raymond Dury (1837), Claude-Marie Gelin (1873), Joseph Gueurce (1861), Jean-Benoît Laroche (1854), Eugène Loison (1863), Jean-Antoine Loison (1868), Jean-Louis Morin (1869), Jean-Marie Terrier (1854), Jean-Marie Vouillon (1864), et Pierre-Marie Vouillon (1845).

Maire : M. Jean-Benoît Laroche, né en 1854.

Adjoint : M. P.-M. Vouillon, né en 1845.

Secrétaire de la mairie : M. Roux, né en 1863.

Garde champêtre et cantonnier communal : M. Simon Desbois, né en 1849.

Institutrice : Mlle Guillet.

Institutrice adjointe : Mlle Suchet.

Instituteur : M. Roux sus-désigné.

Institutrice adjointe à l'école des garçons : Mme Roux.

Facteur-receveur : M. Chapuis.

Facteur local : M. Briand.

Curé : M. Cureau.

Marguillier : M. P. Bonnelain.

Ecole privée de filles.

Directrice : Mlle Copier. *Adjointes* : Mlles Largy et Lauprêtre.

Commerçants et artisans.

Aubergistes : Berger, Braillon, Morin, Prost et A. Vézant.

Boulangers : Berger et Prost.

Charpentiers : Descôtes et Terrier fils.

Charrons-forgerons : Braillon, J. Morin, Ph. Morin et Reboux.

Charron : Nuzillet.

Coquetier : P. Vézant.

Cordonniers : Desbois et Nuzillet.

Draps (Mds) : Veuve Hussard, Large et Troncy.

Epiciers-merciers : Guillin, Terrier et P. Vézant.

Forgeron : Jérôme.

Fabricant d'huile et chapelier : Chanut-Vouillon.

Jardinier et quincaillier : B. Vouillon.

Maçons : Malatier, Bauland, J. Marin, P. Marin, Laffay et Petit.

Menuisiers : Bauland, Desmurs et Nuzillet.

Meunier : Desgeorges.

Perruquier : Troncy.

Receveur-buraliste, tabac : Terrier père.

Sabotiers : Genête, Morel, Tardy, Petit et Comte.

Tailleurs d'habits : Large et Troncy.

Scierie mécanique et machines à battre : Terrier père.

Modistes : Mmes Duclairoir et Thomas.

Renseignements supplémentaires.

La loi du 27 mars 1790 votée par l'Assemblée Nationale Constituante avait divisé la France en départements, arrondissements, cantons et communes.

Le canton de Matour fit d'abord partie du district de Charolles (Le terme de district a été remplacé par celui d'arrondissement).

Il ne comprenait que cinq communes, savoir : Matour, Dompierre-les-Ormes, Montmelard, Meulin et Trivy.

Les autres communes : Brandon, La Chapelle-du-Mont-de-France, Montagny-sur-Grosne et Trambly étaient alors comprises dans le canton de Tramayes.

Ce n'est qu'en 1801, à la suite de la loi du 17 frimaire an X, que notre circonscription cantonale fut composée de neuf communes.

En 1795, il y avait 86 cantons ; en 1801, le nombre en fut réduit à 48, par suite de la suppression d'un certain nombre de chefs-lieux, tels que Bois-Sainte-Marie, Saint-Sorlin, Salornay-sur-Guye, Charnay, etc.

Aujourd'hui, notre département comprend 50 cantons, 589 communes et 604,500 habitants.

Faits divers inscrits sur les anciens registres de l'état cîvil.

Ces faits ont été mentionnés par les curés chargés de la tenue de l'état civil avant la loi du 20 décembre 1792, an 1ᵉʳ de la République. Les divers registres ont été transférés, de la cure à la mairie, en vertu de la dite loi, par Etienne Bertoux, maire et Petit, greffier, sur l'ordre de Michel Janaud, procureur de la commune.

Les faits ci-dessous sont inscrits, tantôt au commencement, tantôt à la fin des registres. L'écriture, malgré le temps, est assez lisible et l'encre employée était, en général, de bonne qualité.

REGISTRE DE 1753.

Presbytère. — Le 24 décembre 1753, j'ai occupé, pour la première fois, le bâtiment neuf servant de presbytère. — Perret, curé.

REGISTRE DE 1759.

Disette. — Aux grandes fêtes de Pâques de la

présente année 1759, les bises ont été si fortes, qu'elles ont endommagé les blés qui deviennent tout rouges et ont donné une récolte très mince, en sorte que le blé a valu à Noël 1759, cinquante cinq sols la mesure de seigle. Les guerres contre les Anglais ont si fatigué le royaume que l'on a pris la vaisselle plate pour battre monnaie.

Les vins qui étaient à quarante écus la botte, après la vendange de 1759, n'ont valu que 50 livres la botte. — Perret, curé.

REGISTRE DE 1760.

L'inscription est assez longue, mais l'écriture est presque illisible. On voit néanmoins qu'en conséquence d'une ordonnance du gouverneur de Bourgogne, on a réparé et construit des chemins. Le 25 avril, une grêle violente est tombée à Dompierre, à Meulin et à Suin. L'année a été assez fertile ; il y a eu beaucoup de fruits et quantité de vin.

REGISTRE DE 1761.

La récolte de cette année a été très médiocre. A la Saint-Martin, la mesure de seigle a valu 45 sols. — Perret, curé.

REGISTRE DE 1767.

La présente année 1767, la récolte en vin a été très modique, en sorte qu'à Noël, le vin valait depuis 40 à 50 écus la botte et le seigle, 3 livres la mesure.

REGISTRE DE 1770.

Le dimanche, 9 décembre 1770, à 10 heures du matin, a été faite la bénédiction du Calvaire, dans les Bruyères (érigé par M. de Rambuteau).

A cette cérémonie ont été invités par le dit seigneur, MM. les Curés d'Ozolles, de Montmelard, de Gibles, de Bois-Sainte-Marie, de Colombier-en-Brionnais ; lesquels s'y sont rendus processionnellement avec leurs paroissiens. — Perret, curé.

REGISTRE DE 1774.

En 1774, on a agrandi l'église de 18 pieds, placé les quatre vitraux, rétabli le pavé en carreaux, refait les lambris, relaté toute l'église en planches de sapin couvertes de mortier pour garantir de la neige et enfin refait à neuf le beffroi des cloches, le tout moyennant 1,420 livres, non compris les frais qui ont monté environ à 200 livres.

REGISTRE DE 1775.

Louis XVI. — Le onzième juin 1775, jour de la Trinité, a été sacré Louis XVI, actuellement régnant.

REGISTRE DE 1777.

Puits. — En la présente année 1777, le sieur Curé a fait faire le puits dans le jardin pour se procurer de l'eau plus favorable que celle de l'ancien puits.

REGISTRE DE 1778.

En cette année, le dit Curé a obtenu de son Eminence, Monseigneur le Cardinal de La Rochefoucault, abbé de Cluny, le grand vitrail qui est dans le chœur. — Perret, curé.

REGISTRE DE 1782.

Route. — Au mois de novembre 1782, a été ouverte la grande route (route de Dompierre, par Audour).

REGISTRE DE 1785.

Sacristie. — En la présente année a été construite la sacristie pour laquelle construction, j'ai obtenu de Monseigneur le Cardinal de La Rochefoucault, abbé de Cluny, la somme de 284 livres, la paroisse ayant fourni le surplus.

REGISTRE DE 1788.

Froid. — Depuis le commencement de décembre 1788, jusqu'au 15 janvier 1789, le froid le plus rigoureux s'est fait sentir, au point que de mémoire d'homme, on n'avait vu de si fortes gelées et une si grande disette d'eau, de sorte que l'on était obligé de faire fondre la neige pour se procurer de l'eau ; tous les bois n'étaient qu'un massif de glace dont la plupart des branches ont été brisées.

REGISTRE DE 1789.

Révolution. — Le 4 mai (*au lieu du* 5), s'est faite à Versailles l'ouverture des Etats généraux. Le 29 juillet, tous les habitants de cette paroisse et des voisines se sont assemblés pour aller repousser des brigands que l'on annonçait faussement mettre tout à feu et à sang aux environs de Cublize. Le même trouble a existé dans presque toute la France. Et le même jour, sur des bruits à peu près semblables et sur ce que l'on disait que la noblesse aux Etats généraux refusait de se réunir au tiers état, les habitants des campagnes s'étant attroupés dans plusieurs paroisses et notamment dans le Mâconnais, ont pillé et brûlé les châteaux. Dans le Mâconnais, ils ont été arrêtés et repoussés par les milices bourgeoises de Tournus, Cluny et Mâcon. Un très grand nombre a été tué, un plus grand nombre fait prisonnier, quelques-uns exécutés.

Blé cher. — Le blé a été cher, valant jusqu'à sept livres la mesure de froment avant la moisson. La récolte, quoique bonne, n'a occasionné qu'une légère diminution jusqu'à la fin de cette année. *Michon, vicaire.*

CURÉS ET VICAIRES

Curés. — M. de Mazille était curé de Montmelard en 1556 ; M. Banetier desservait la paroisse, de 1682 à 1686 ; M. Besson a exercé de 1686 à 1733 ; M. Perrin, de 1733 à 1737 ; M. de Saint-Lagier, de 1737 à 1749, il avait pour vicaire M. Dejoux. On trouve également les noms de M. Perret (celui qui a écrit la plupart des notes relevées plus haut) ; de M. Michon, vicaire; de M. Copier, vicaire ; de M. Durand, curé en 1792, à l'époque où les registres ont été transférés de la Cure à la Mairie.

Résumé des faits les plus importants depuis la Révolution jusqu'à l'année 1901.

(A partir de 1901, les faits sont relatés avec plus de détails.)

MAIRES ET ADJOINTS

Le premier maire est le sieur Jean Marin (1790-91); le deuxième est le sieur Bertoux (1792). Viennent ensuite : Petit Claude (1793-94-95, ans II, III et IV du calendrier républicain) ; Reboux Petit, en 1796-1797 (ans V et VI) ; Petit, adjoint ; Gautheron (an VI) ; Claude Gelin (an VII). Le dit Claude Gelin reste en fonction jusqu'en 1807 M. Rizard lui succède. M. Auduc est maire de 1810 à 1815; M. Etienne Bertoux, de 1815 à 1816; M. Valory de Villars, de 1816 à 1817 ; Louis Laroche, de 1817 à 1821, avec Claude Malatier comme adjoint ; Jean Vouillon, de 1821 à 1837 avec le même adjoint pendant plusieurs années ; Claude Bertoux est maire de 1837 à 1843; Pierre Dargaud, de 1843 à 1870, avec Pierre Vouillon comme adjoint ; puis Joseph Prost. M. Clément est nommé maire en mai 1870. Il reste en fonction jusqu'au mois d'août 1890. Pendant cette période, les adjoints sont : MM. Joseph Prost et

Laroche Jean, ce dernier depuis le 20 mai 1888. M. Laroche est élu maire en août 1890, en remplacement de M. Clément, dont le mandat n'était pas expiré. M. Jean-Claude Loison est nommé adjoint à la place de M. Laroche devenu maire. Aux élections de mai 1892, M. Pierre Corneloup est élu maire, avec M. Laroche pour adjoint. M. Corneloup ayant donné sa démission en septembre 1892, il est remplacé par M. Louis-Marie Marin qui reste maire jusqu'en mai 1896. A cette date, M. Laroche, adjoint, est nommé maire en remplacement de M. Marin ; il exerce actuellement les dites fonctions de maire, depuis 1896. Il a successivement pour adjoints : MM. Loison, ci-dessus nommé ; Clément Victor, ancien maire; Pierre-Marie Vouillon, actuellement en fonction.

GARDES CHAMPÊTRES

Les noms que jai pu recueillir sont les suivants : le sieur Maladier, mort accidentellement; le nommé Jean, dit le *Gros Jean* ; Durand Bénas, dit *Mazille* (vers 1840); Lévite Claude, père, de 1865 à 1886. Tous portaient comme insignes une plaque sur le bras et le sabre en bandoulière comme les soldats du Premier Empire. Actuellement, le garde champêtre ne porte, quand il est en tenue de service, que sa plaque au bras et parfois un fusil à l'épaule. Après Claude Lévite, vient Claude-Marie Lévite, fils du précédent, de 1886 à 1889; puis Claude Lévite, frère, de 1889 à 1890 ; Simon Desbois, de septembre 1890 à ce jour.

INSTITUTEURS

Ont successivement exercé les fonctions d'instituteurs les sieurs : Claude Morin, vers 1830 ; Pierre Morin, fils du précédent, de 1858 à 1864 ; Darcq, de 1865 à 1866 ; Varon, de 1866 à 1873 ; Pierron, de 1873 à 1875; Baboux, de 1875 à 1876; Bodet, de 1876 à 1884 ; Champion, de 1884 à 1885 ; Jambon, d'octobre 1885 à février 1895 ; Coron, de 1895 à janvier 1900 ; Bourgeon, de 1900 à octobre 1902 ; Roux, du 1ᵉʳ octobre 1902 à ce jour. Les adjoints sont, à partir de 1883, date de la création d'un deuxième poste, MM. Bodet fils, Jambon fils, Bernoux, Mme Coron, Dufoux, Laurent, Delorme, Durand Mme Roux, actuellement en fonction.

INSTITUTRICES

Sœur Bernisset ; Mlle Bollot, d'octobre 1887 à octobre 1893, première institutrice laïque ; Mme

Pariaud, d'octobre 1893 à avril 1896; Mme Coron (1896-1900) ; Mme Bourgeon (1900-1903) ; Mme Laurens (1903-1906); Mlle Duclos, d'octobre 1906 à octobre 1913 ; Mlle Guillet, actuellement en fonction.

Noms des adjointes : Mlle Lacondemine, puis Mme Dufoux, Mme Laurens, Mme Roux, Mlle Pierre, Mme Roux, Mlle Vernay, Mlle Lapalus, Mlle Suchet, actuellement en fonction.

CURÉS

(Voir plus haut pour ceux ayant exercé avant 1792.)

Depuis cette époque, on trouve MM. Perret et Grandjean (jusqu'en 1847) ; Lamy (1847-1858) ; Garnier (1858-67) ; Thevenet (1867-1875) ; Lapalus (1875-1905) ; Renaud (1905-18 octobre 1912) ; Cureau, du 18 octobre 1912 à ce jour.

Institutions diverses

(communales et cantonales).

ÉCOLES CMOMUNALES

L'école des garçons a été construite en 1843. Les bâtiments ont été acquis d'un sieur Archambaud, moyennant la somme de 3,225 francs. Les réparations immédiates s'élèvent à 2,000 francs. En 1868, elle fut reconstruite à côté de l'ancienne à la suite d'un acte d'échange. La dépense totale, y compris les honoraires de l'architecte, M. Robelin, de La Clayette, s'éleva à la somme de 9,459 francs. Les deux salles de classes actuelles n'en formaient qu'une seule avant la création du poste d'adjoint, vers 1883. La fenêtre qui donne sur la cour des filles a été percée en 1904, et les rayons pour l'entrepôt des paniers des élèves ont été posés la même année.

L'école des filles a été construite en 1855, sur les plans dressés par M. Laffay, agent voyer, en résidence à Tramayes. Elle ne comprenait tout d'abord qu'une classe ; mais, à la suite d'un agrandissement, on en créa une deuxième.

Le parquet des deux salles a été refait à neuf en 1911. Le meuble-musée date de 1913. Des chêneaux protégeant les murs et conduisant l'eau à la citerne du jardin ont été posés en 1909. Ce travail a été fait par M. Dupuis, de Dompierre. La laïcisation date d'octobre 1887. Le logement de l'adjointe a été complètement réparé et transformé en août et septembre 1909.

CIMETIÈRE

L'ancien cimetière était situé autour de l'église comme cela avait lieu dans un grand nombre de communes rurales.

Il fut démoli en 1862. Tous les ossements trouvés ont été placés avec le plus grand respect dans une large et profonde fosse creusée dans le nouveau cimetière, située à droite de l'allée principale et à quelques mètres de la porte d'entrée. Cette fosse est entourée d'une balustrade en fer. Une inscription porte ces mots : *Ici reposent les ossements de nos ancêtres.*

Un tarif pour les concessions a été établi par le Conseil municipal, en 1875.

La première inhumation a eu lieu le 21 novembre 1862 ; c'est celle de Jean-Marie Laronze, *demeurant au lieu de Sous-le-Bois.*

Un crédit annuel de 25 francs est destiné au nettoyage des allées et des emplacements libres.

ÉGLISE

L'Eglise actuelle a été construite de 1871 à 1873. Divers travaux accessoires n'ont été terminés qu'en 1874. La première cérémonie (*messe et bénédiction*) a eu lieu le 6 août 1873. La dépense totale s'est élevée à la somme de 52,000 francs. L'Etat y a contribué pour 9,000 francs. Le reste a été payé par la commune, la fabrique et par le produit d'une souscription.

Le paratonnerre placé sur le clocher a coûté 250 francs.

L'horloge, également fixée au clocher, a été vendue à la commune en 1887 pour la somme de 1,950 francs, par un sieur Odobey, fabricant d'horlogerie à Morez (Jura).

LE PRESBYTÈRE

Le presbytère communal a été construit en 1751-1752. Une pierre surmontant l'une des ouvertures donnant sur la cour, porte la première de ces dates.

Le desservant de l'époque, le sieur Perret, l'a occupé pour la première fois le 24 décembre 1753.

En l'an IV du calendrier révolutionnaire et le

onze fructidor, il fut vendu comme bien national, à un nommé Jean-Marie Lapalus, de Dompierre-les-Ormes. Au mois de thermidor, an 9, le 11 du dit mois, ce qui correspondait au 2 août 1800, il fut racheté à l'acquéreur pour la somme de treize cent cinquante francs, payable comme suit : 450 francs au 5 nivôse an X ; 450 francs au 5 nivôse an XI et les 450 francs restants au 5 nivôse an XII, avec intérêt au denier vingt (c'est-à-dire, à 5 pour cent), à compter du 20 brumaire an neuf.

L'acte fut passé par M° Royer, notaire, à Dompierre, aux noms d'un certain nombre de personnes ci-après désignées et agissant solidairement tant en leurs propres noms qu'en ceux des autres habitants et pour lesquels elles se sont portées garantes.

Voici les noms des signataires de l'acte :

Claude Gelin, Pierre Marin, Claude Braillon, Jean Marin, cabaretier, Jean Vouillon, Guillaume Vauzelle, Jean Lapalus, Jean Despierre, Pierre Moret, Jean-Marie Marin, Toussaint Canard, Laurent Sivignon, Jean Morin fils d'Antoine, Louis Janaud, Joseph Morin fils de Philibert, François Dargaud, Claude Jandot, Henri Petit, Benoît Gelin fils de Simon, Jean

Archambaud, Pierre Archambaud, Etienne Berthoux, Jean Lapalus, Jacques Reboux, Claude Gelin, maire, Jean Aulas, Henri Nesme, Jean Gelin, Jean Marin, tous cultivateurs et propriétaires à Montmelard.

D'importantes réparations ont été faites au presbytère, au cours de l'année 1912. Le mur de soutènement du jardin, côté du levant, fut en partie reconstruit ou réparé l'année suivante. Depuis la loi sur la Séparation des Eglises et de l'Etat (1905), le bâtiment d'habitation et ses dépendances sont loués au curé, moyennant la somme de 90 francs, avec charge du remontage de l'horloge évaluée à 50 francs par an.

CHEMIN DE FER

La ligne du chemin de fer de Chalon à Roanne, qui traverse notre commune sur une longueur de 3 kilomètres environ, a été ouverte au service du public le 1ᵉʳ mars 1889. Mais le service de la gare n'a commencé à fonctionner que le 1ᵉʳ octobre suivant, après l'achèvement du chemin vicinal qui va du hameau du Buisson à la gare.

CHEFS DE STATION

Voici les noms des chefs de station jusqu'à ce jour :

M. et Mme Chazal (octobre 1889 à décembre 1890). (A ce moment et jusqu'en 1902, la femme du chef de station était employée à la réception des billets. Depuis 1902, l'ensemble du service est assuré par un seul employé qui est le chef de station.)

MM. Mourier, de septembre 1891 à novembre de la même année; Sanouiller, de novembre 1891 au 2 avril 1892; Charmion, d'avril 1892 au 2 décembre 1892; Dancette aîné, de décembre 1892 au 25 juillet 1897; Charasse, de 1897 à mars 1902 ; Boulon, de mars 1902 au 20 septembre 1902; Lapierre, de septembre 1902 au 1er avril 1908; Dancette, d'avril 1908 au 27 juin 1910; et Mme Aumeunier depuis juin 1910.

PERCEPTEURS

Noms des percepteurs depuis 1850 :

MM. Rollet (1850); Taillandier (1863); Monnier (1868); Martin (1875) ; de Bercegol du Moulin (1875-1880) ; Lacueille (1880-1894) ; Courtois (1894-1901); Crépin (1901-1904); Brigault, intérimaire ; Flamens (1905-1906) ; Brigault, intérimaire; Péron, du 10 avril 1906 au 31 octobre 1911; Tixier, intérimaire, du 1ᵉʳ octobre 1911 au 1ᵉʳ mai 1913 ; Aubaile, mai 1913 à ce jour.

En juillet 1907, le siège de la perception a été transféré de Matour à Dompierre.

JUGES DE PAIX ET GREFFIERS

Les Justices de paix, telles qu'elles sont actuellement organisées, ont été créées par les lois des 16 et 24 août 1790. J'aurais voulu inscrire les noms des juges et des greffiers de la justice de paix cantonale depuis la dite époque ; mais je n'ai pu me procurer les documents nécessaires à cette inscription.

MM. Joanny Bonnetain (1852 à 1862); Plassard (1862-1873). L'audience avait lieu le jeudi, sur mandat et le vendredi, sur citation. MM. Franon (1873-1877) ; Zwiling (1877-1879) ; Aulas, ancien maire de Trambly (1880-1884) ; Deschamps, Merle (1888-1894); Mouillon (1894-1895); Ravoux (1895-1897); Lacondemine (1897-1913); Py 1913.

M. Giraud a exercé les fonctions de greffier pendant 44 ans (1844-1888) ; M. Eugène Goyat, à l'obligeance duquel je dois ces renseignements, lui a succédé en 1888 ; il exerce actuellement ces fonctions auxquelles il ajoute celles de géomètre-expert.

Notaires du canton de Matour.

Voici les renseignements qu'ont bien voulu me fournir MM. les Notaires de notre canton, en ce qui concerne les minutes déposées dans chacune de leur étude.

ÉTUDE DE Me CHATOT, A MATOUR

Cette étude possède les minutes de Mes Chatot père (1866-1897); Gibassier (1862-1866); Thomas 1853-1866) ; Bonnet (1851-1853) ; Mantel (1831-1851) ; Bonnet fils (1825-1831); Chaix (1777-1825); Bonnet (1783-an VIII) ; Devoluet (an IV-an V) ; Delacharme père et fils (1740-1835) ; Perreaux (1735-1782); les Bonnetain (1721-1792); les Griffon (1704-an VII) ; Lardy (1669-1693) ; les Barraud (1605-1677); les Augros, qui furent notaires à Saint-Igny-de-Vers (Rhône) (1712-an IX).

ÉTUDE DE Me NESME, A MATOUR

On trouve dans cette étude les minutes de Mes Giraud (1881-1905) ; Bonnetain (1854-1881) :

Giraud (1851-1854) ; Jean-Marie Bonnetain fils (1815-1850) ; Pierre-François Bonnetain père (1781-1815); Barraud (1614-1639); les Lacharme (1579-1646).

ÉTUDE DE M° POUSSET, A DOMPIERRE-LES-ORMES

La dite étude a les minutes de M⁰ˢ Bernoud (1897-1913) ; Pondevaux (1865-1897) ; Pondevaux père (1823-1865) : Devoluet (1832-1833) ; Royer fils (1822-1832); Royer père (1788-1822); Perrier (1788-an II) ; Devoluet (1786-an IX) ; Marcoux (1777-1778) ; Cortambert (1725-1748) ; Brigou, qui fut notaire à Matour (1761-1785) ; Raveau, qui fut notaire à Trivy (1763-1793).

Gendarmerie du canton de Matour.

Je dois à l'amabilité de M. le brigadier Bachelard, dont on reverra le nom plus bas, les divers renseignements indiqués ci-dessous.

La brigade de gendarmerie de Matour a été créée par décret du 1ᵉʳ mars 1852, sous le nom de *Gendarmerie républicaine*. Le 1ᵉʳ décembre 1852 elle prit le nom de *Gendarmerie impériale*.

Elle était composée d'un brigadier et de quatre gendarmes à pied.

Avant 1852, notre canton était desservi par les gendarmeries de Tramayes et de Curtil ; et plus anciennement, Montmelard dépendait de la gendarmerie de La Clayette.

NOMS DES PRINCIPAUX BRIGADIERS

De 1852 à 1866, M. Blampoix, nommé maréchal des logis ; de 1866 à 1871, M. Michaud, tué pendant l'insurrection de la Commune.

Pendant la guerre de 1870-71, la brigade de Matour a fourni à l'Armée, au service de la Prévôté, le brigadier et deux gendarmes. Ces trois militaires ont été faits prisonniers sous les murs de Metz et envoyés à Posen. Le brigadier et le gendarme Prébelin réussissent à s'évader et rentrent en France, en janvier 1871.

Le brigadier Michaud est envoyé en service d'ordre à Paris, où il est fusillé pendant la Commune, par les fédérés (rue Haxo). Le gendarme Prébelin est affecté au régiment de gendarmerie de la Loire, où il est nommé brigadier. Après la guerre, il succède à son chef, le dit brigadier Michaud, à Matour.

Il y reste jusqu'en 1872, époque à laquelle il est nommé maréchal des logis. La brigade prend le nom de *Gendarmerie nationale*, en octobre 1871.

De 1872 à 1913, la gendarmerie est commandée par les brigadiers : Audet (1872-75) ; Deux (1875-81) ; Brun (1881-85) ; Pellé (1885-91) ; Renard (1891-1901) ; Thomas (1901-07) ; Dessole (1907-09) ; Bachelard (20 septembre 1909 à ce jour.

Voici la composition de la brigade actuelle : brigadier : M. Bachelard ; gendarmes : MM. Aurousseau, Maringue, Merle, Girard.

Le siège de la gendarmerie, qui était primitivement à Matour, a été transféré à Dompierre en mai 1909.

Routes et Chemins vicinaux (Résumé).

Le chemin d'intérêt commun n° 42, dit route de Vicelaire à Matour, a été terminé en 1854.

Le chemin de grande communication (dit route de Dompierre) n° 41, a été terminé en 1861.

Le chemin d'intérêt commun n° 68, qui traverse le hameau de Charnay, a été ouvert au public en 1868.

Le chemin d'intérêt commun n° 111 (de la Maison-Brûlée à Matour), a été achevé en 1889.

Le chemin vicinal de Vauzelles aux Clefs, a été construit en 1884. La dépense totale s'est élevée à la somme de 16,500 francs.

(Voir plus loin des renseignements détaillés sur le service des ponts et chaussées dans le canton de Matour.)

Je dois ces importants renseignements à l'obligeance de M. Desprès, sous-ingénieur des ponts et chausées à Dompierre-les-Ormes, lequel m'a prié de mentionner qu'il les doit lui-même, en grande partie, à son ami, M. Gâteau, agent voyer principal et chef de bureau à la Préfecture de Saône-et-Loire, à Mâcon.

Je remercie bien cordialement l'un et l'autre de leur précieux concours.

Bureau de bienfaisance.

Le bureau de bienfaisance de Montmelard a été créé par décision ministérielle du 19 mai 1891.

La première réunion de cette assemblée a eu lieu le 26 juillet 1891. Tous les membres étaient présents, savoir : MM. Laroche, maire, président ; Morin Jean-Marie, Marin Louis-Marie, Chevalier Pierre, Clément Victor, Gelin Benoît et Philibert Desbois.

Actuellement, la commission du dit bureau se trouve ainsi composée : M. Laroche, maire, président ; MM. Chevalier Pierre, J.-Claude Labrosse, Claude Thomas, Claude-Marie Sanlaville, Jean-Marie Terrier et Jean-Louis Morin, ces deux derniers délégués par le conseil municipal et les quatre précédents nommés par le préfet, le maire étant de droit président.

Bureau de Poste.

Un bureau de facteur-receveur a été créé par décision ministérielle du 17 juillet 1908.

Le service postal a commencé à fonctionner le 1ᵉʳ décembre suivant.

Le premier facteur-receveur se nommait M. Monget ; son adjoint se nommait M. Desmurs. L'un et l'autre ont quitté la commune. Le premier est à Péronne, canton de Lugny ; le second est facteur-chargeur à Paris.

Les employés actuels sont : MM. Chapuis, facteur-receveur, et Briand, facteur rural.

TÉLÉPHONE

Le service téléphonique a commencé le 1ᵉʳ août 1909.

Un porteur payé par la commune est chargé de remettre à domicile les dépêches et avis d'appel à la cabine téléphonique.

Le gérant du téléphone est le facteur-receveur sus-désigné. Le porteur actuel se nomme M. Nuzillet Jacques, menuisier au bourg.

Plus loin, au cours des pages concernant la période contemporaine, il sera question de la création du bureau de poste d'une façon plus détaillée.

Routes et Chemins.

ROUTES

Parmi les nombreuses voies de communication ouvertes dans la région, au cours du XVIIIe siècle, une seule route intéresse la commune de Montmelard : celle qui figure sous le n° 39 du tableau de classement arrêté par les Etats de Bourgogne, à la veille de la Révolution de 1789, route n° 38, actuellement route nationale n° 79. Elle commençait à Charnay-lès-Mâcon et aboutissait au port de la Roche-Bernard, sur la Loire, par Prissé, Pierreclos, Trambly, La Clayette et Marcigny. Elle fut mise à la charge du Trésor par la loi des 13-17 avril 1791, mais ne fut pas maintenue au rang des routes impériales, par le décret du 16 décembre 1811.

Le décret du 7 janvier 1813 en fit la route départementale n° 13 (de Mâcon à Marcigny, par Tramayes) et conserva ce caractère jusqu'au décret du 13 septembre 1855. La partie de l'ancienne route n° 13 située sur Montmelard et comprise entre Longverne et la limite de Gibles fut rattachée au chemin de grande communication n° 41, dont il est parlé ci-après.

Nota. — L'administration des ponts et chaussées était placée sous l'autorité de l'un des « Elus », sorte de commission permanente choisie par les Etats de Bourgogne, et chargée de l'administration des intérêts provinciaux à côté de l'Intendant représentant du pouvoir royal. Les dépenses des routes étaient à la charge exclusive de la province, sauf participations des communes intéressées au moyen de la *corvée*, dont le montant était fixé annuellement par les Etats.

CHEMINS

Chemins vicinaux. — La loi du 15 août 1790 ayant supprimé les droits féodaux relatifs aux voies publiques, la loi du 28 septembre-6 octobre 1791 prescrivit pour la première fois le classement des chemins vicinaux en mettant leur entretien à la charge des communes dans les conditions fixées par la dite loi et par l'édit de 1788 qui avait supprimé les *corvées*

La *corvée* fut alors remplacée par la *prestation* qui frappait tous les contribuables remplissant certaines conditions d'âge, de validité, de domicile et même de fortune. Supprimée en fait, à la suite de la loi de finances de 1816, la prestation fut rétablie dans sa forme actuelle par les lois des 28 juillet 1824 et 21 mai 1836.

On sait que la loi de finances du 31 mars 1903 autorise, sous le nom de taxe vicinale, le remplacement de la prestation par des centimes additionnels au principal des contributions directes.

En 1824, la municipalité de Montmelard a procédé à l'élaboration d'un tableau de classement qui est encore en vigueur, sauf les classements complémentaires effectués depuis cette époque.

La loi du 21 mai 1836 sur les chemins vicinaux ayant donné un nouvel essor à l'extension du réseau vicinal et autorisé la création d'un personnel spécial d'agents voyers, la construction des chemins vicinaux de Montmelard a été opérée à une époque postérieure. Le réseau total est de 21 kilomètres, dont 11 sont entièrement construits et en bon état de viabilité. Les administrations municipales qui se sont succédé dans la commune ont toujours eu pour principe de veiller avec le plus grand soin à la conservation et au bon entretien des divers chemins.

La longueur du réseau des chemins de grande vicinalité est de :

Grande communication n° 41 (route de Dompierre) .... 7.000 m.
Intérêt commun n° 42 (route de Matour) .... 1.300 m.
Intérêt commun n° 68 (route de Charnay) .... 4.100 m.
Intérêt commun n° 111 (route de Matour-Maison-Brûlée) .... 130 m.

Total.......... 12.530 m.

Chemins ruraux. — La loi du 20 août 1881, sur les chemins ruraux, n'a reçu jusqu'à ce jour qu'une seule application à Montmelard, celle concernant le chemin rural de Vicelaire, reliant le chemin de grande communication n° 41, près du passage supérieur, en longeant le côté gauche de la ligne de Chalon à Roanne. Le tracé, pour le redressement de ce chemin, d'une longueur de 180 mètres, a été approuvé par la Commission départementale dans sa séance du 30 septembre 1908. L'ancien chemin qui existait à droite de la voie ferrée a été cédé à M. le docteur Loison qui a supporté, aux lieu et place de la commune, toute la dépense de construction du nouveau chemin.

Depuis quelques années, un crédit de trois

cents francs est affecté à l'entretien et à l'amélioration des chemins ruraux qui sont déjà, à l'heure actuelle, dans un assez bon état de viabilité. Les travaux sont faits à des conditions de prix très minimes par les propriétaires ou fermiers dont les terrains sont plus spécialement favorisés par le bon état des dits chemins. Grâce à cette manière de procéder, le crédit annuel sus-indiqué permet d'exécuter des réparations dont le prix de revient serait certainement le double de celui qui est dépensé.

En l'année 1913, on a réparé convenablement les chemins ruraux de Saint-Cyr-Grands-Vernays, des Bruyères et de Nurux.

AGENTS VOYERS

C'est seulement en 1840 que fut organisé, dans le département de Saône-et-Loire, un personnel technique chargé, sous le nom d'agents voyers de canton, du service des chemins vicinaux ordinaires (arrêté préfectoral du 6 mai 1840 créant 48 emplois d'agents voyers).

Un arrêté préfectoral du 11 août 1848 avait créé un certain nombre de commissaires voyers chargés de prêter leur concours aux agents voyers pour la surveillance des chemins de grande communication. Ils étaient choisis parmi les maires, les conseillers d'arrondissement et les conseillers généraux. Leurs fonctions étaient gratuites ; ils disparurent en 1850, à la suite de la réorganisation du service.

A noter comme intéressant le canton de Matour, l'arrêté préfectoral du 21 juillet 1849 nommant M. Delacharme, conseiller général à Matour, comme commissaire voyer pour le chemin de grande communication n° 16.

De 1840 à 1850, le canton de Matour, auquel sont réunies les communes de Curtil et de Bergesserin du canton de Cluny, forme une circonscription vicinale dont le chef-lieu est à Matour.

Les agents voyers en résidence à Matour, pendant cette période, ont été successivement :

MM. Aufavray (1840-42) ; Thomas (1842-44) ; Clerc (1844-45) ; Dussauge (novembre 1845 à juillet 1849)) ; Guénot (juillet-décembre 1849).

L'arrêté préfectoral du 1ᵉʳ novembre 1849 rattacha le canton de Matour à la circonscription de Tramayes et cette organisation du service subsista juqu'au 1ᵉʳ juillet 1880.

Les agents voyers chargés du canton de Matour, avec résidence à Tramayes, furent :

MM. Lafay (1850-61) ; Chervet (1862-80).

La réorganisation des services de voirie, arrêtée par le Conseil général dans sa séance du 8 avril 1880, a placé le service vicinal sous la direction des ingénieurs des ponts et chaussées et amené le déclassement des routes départementales.

Par suite de cette mesure, le nombre des circonscriptions vicinales a été augmenté, ce qui a permis de constituer, avec le canton de Matour et les communes de Bergesserin, Curtil et Mazille du canton de Cluny, une circonscription vicinale avec résidence de l'agent voyer à Dompierre-les-Ormes.

L'emploi d'agent voyer à Dompierre-les-Ormes a été occupé par M. Luquet, de 1880 à mars 1884, puis par M. Després, sous-ingénieur des ponts et chaussées, titulaire actuel du dit emploi d'agent voyer, depuis mars 1884.

Garde Nationale.

A titre documentaire, voici le procès-verbal d'installation et de reconnaissance des officiers, sous-officiers et caporaux de la Garde nationale de la commune de Montmelard (7 mars 1841).

....

« Ce jourd'hui, 7 mars 1841, en exécution de l'article 59 de la loi du 22 mars 1831,

« Nous, Maire de la commune de Montmelard, avons réuni sous les armes la Garde nationale de la dite commune, pour faire reconnaître le commandant et les officiers, en exécution de la dite loi et recevoir leur serment. Après avoir indiqué le motif de la réunion, nous lui avons présenté M. Guillaume Vauzelle, élu commandant ; et après avoir fait battre un ban, nous l'avons fait reconnaître en disant : « Garde natio-
« nale, En exécution de la loi, vous reconnaîtrez
« pour votre commandant M. Guillaume Vauzelle
« et vous lui obéirez en tout ce qu'il vous com-
« mandera pour défendre la Royauté constitu-
« tionnelle, la Charte et les droits qu'elle a con-
« sacrés pour maintenir l'obéissance aux lois,
« conserver ou rétablir l'ordre et la paix pu-
« blique. » (Art. 1er de la dite loi.)

« La reconnaissance de l'officier commandant étant ainsi faite, il a lui-même fait reconnaître les officiers sous ses ordres en les présentant à leurs compagnies respectives, auxquelles il a adressé la même interpellation que ci-dessus.

« Après quoi, chacun des officiers dénommés ci-dessous a prêté individuellement, entre nos mains, le serment de fidélité au roi des Français, d'obéissance à la Charte constitutionnelle et lois du Royaume.

« Vauzelle, Guillaume, capitaine en premier : Trichard, Jacques, capitaine en second ; Marin, Jean-Pierre, lieutenant ; Châtaignier, Jean, lieutenant ; Malatier, Pierre, sous-lieutenant ; Large, Jean-Claude, sous-lieutenant ; Vouillon, Pierre, sergent-fourrier ; Gelin, Jacques, sergent-major ; Michel, Antoine, sergent ; Villecourt, Jean-Pierre, sergent ; Roberjon, François, sergent ; Thomas, Claude, sergent ; Braillon, Pierre, sergent ; Guillin, Louis, sergent ; Noly, Jean, sergent ; Loison, Claude, sergent ; Petit, Pierre, caporal ; Sanlaville, Benoît, caporal ; Fougeras, Jean-Claude, caporal, ; Vauzelle, Jean-Pierre, caporal ; Laroche, Jean, caporal ; Archambaud, Jacques, caporal ; Châtot, Philibert, caporal ; Large, Jean, caporal ; Dargaud, Pierre, caporal ; Marin, Jean-Marie, caporal ; Archambaud, Jean-Marie, caporal ; Prost, Pierre, caporal ; Gelin, Claude, caporal ; Philibert, Jean-Marie, caporal ; Dury, Denis, caporal ; Reboux, Louis, caporal.

« Nous avons ensuite déclaré aux officiers, sous-officiers et caporaux qu'ils étaient élus pour trois ans, à partir du dit jour. Nous avons enfin prévenu MM. les officiers qu'ils avaient 15 jours pour signer le présent procès-verbal qui, durant ce temps, demeurera déposé à la Mairie et que, à défaut de ne l'avoir pas signé, ils seront considérés comme démissionnaires.

« Le but de la réunion étant rempli, l'assemblée s'est séparée.

« Fait à Montmelard, les jour, mois et an susdits.

« *Le Maire*, Claude Bertoux. »

Liste des maires, adjoints et conseillers municipaux du canton de Matour

(Elections municipales de mai 1912).

Ordre alphabétique des Communes.

BRANDON.

M. Vernay, maire et M. Condemine, adjoint ; MM. Leschère, Perraud, Bleton, Desroches, Lapalus, Crozier, Collonge, Litaudon, Mazoyer, Perrousset, conseillers.

DOMPIERRE-LES-ORMES

M. le Docteur Graz, maire et M. Desroches, adjoint ; MM. Aucaigne, Renon, Dumont, Lapalus, Dufour, Bourgeon, Passot, Larochette, Guillin, Malatier, conseillers.

LA CHAPELLE-DU-MONT-DE-FRANCE.

M. Myard, maire, et M. Gonnaud, adjoint ; MM. Berthoud, Janin, Fèvre, Dargaud, Thomas, Combier, V. Reboux, J. Reboux, Volland, Humbert, conseillers.

MATOUR (chef-lieu).

M. Chatot, maire et M. Lamborot, adjoint ; MM. Bourgeon, Terrier, Besson, Chanay, Dumontet, Jacquet, Aubague, Vouillon, Sambardier, Violet, Robin, Tarlet, Thomas, conseillers.

MEULIN.

M. Lapalus-Aubœuf, maire et M. Lapalus-Malatier, adjoint ; MM. Vallet, F. Lapalus, Lapalus-Gonaud, B. Lapalus, Belpomme, E. Charcosset, Berthaud, Litaudon, conseillers.

MONTAGNY-SUR-GROSNE.

M. Litaudon, maire et M. Demoule, adjoint ; MM. Dutronc, Condemine, Besson, Janin, Ducharne, Delorme, Quelin, Tarlet, conseillers.

MONTMELARD.

M. Laroche, maire et M. P.-M. Vouillon, adjoint ; MM. Augoyard, Braillon, Dury, Gelin, Gueurce, Dr Loison, J. Loison, Morin, Terrier, J.-M. Vouillon, conseillers.

TRAMBLY.

M. Mallein, maire et M. Rollier, adjoint ; MM. Bouillet, Bernachon, Dargaud, Durand, Aulas, Bonnetain, Combier, Lardet, Janin, conseillers.

TRIVY.

M. Lacharme, maire et M. Aucaigne, adjoint ; Perrier-Dargaud, Berthelot-Dargaud, Berthaud, Perrier-Plassard, Plassard, Prost, conseillers.

NOTA. — Depuis les élections de mai 1912, plusieurs décès et démissions ont pu survenir dans quelques communes du canton ; mais, en vue d'éviter des recherches dont le but ne m'a point paru d'une importance assez grande, je n'ai pas tenu compte des modifications qui se sont produites depuis cette époque, dans la composition des Assemblées municipales.

Faits contemporains.

Les pages qui précèdent ont trait aux événements plus ou moins anciens concernant directement ou indirectement notre commune. — Celles qui suivent concernent les faits contemporains de la présente époque (1901-1913), survenus, en premier lieu, dans la commune et le canton, puis dans le département, le pays et enfin, exceptionnellement dans les autres contrées.

J'ai puisé les renseignements relatifs au département et autres lieux, dans l'Annuaire Siraud, publication annuelle très justement renommée ; et cela, avec l'autorisation de M. Siraud lui-même, par lettre en date du 16 juin 1913.

. . . .

Année 1901.

MONTMELARD

Octobre. — Fondation d'un lit à l'hôpital de La Clayette par M. de Rambuteau et dont la commune est appelée à bénéficier ainsi que quatre autres du canton de La Clayette.

Bascule. — Novembre. — Amodiation de la bascule communale pour quatre années, moyennant la somme annuelle de 55 francs, au sieur Jacques Nuzillet (bourg).

Etat civil. — Naissances : 25. — Décès : 20. — Mariages : 6. — Conscrits : 6, Chevalier, Dubois, Dumont, Morin, Reboux, Sivignon Philibert.

Récolte du foin. — La récolte du foin a été assez bonne dans notre région ainsi que dans tous les prés situés en montagne ; elle a été mauvaise dans les rivages qui ont été inondés au printemps.

AUTRES LIEUX

Orages. — Des orages accompagnés de grêle ont causé de sérieux ravages dans diverses parties du département, notamment dans les cantons de Chagny, Chalon, Buxy, Saint-Gengoux-le-National, etc.

Le mois de septembre ayant eu vingt et un jours de pluie, les vendanges se sont faites difficilement. La main-d'œuvre a été très élevée (3 fr. à 3 fr. 50 par jour).

Récolte. — La récolte du vin a été très abondante et de bonne qualité. La pièce de 214 litres a valu de 25 à 35 francs.

Fêtes. — Il y a eu à Cluny de grandes fêtes de gymnastique qui ont été présidées par le général André, ministre de la Guerre.

Année 1902.

MONTMELARD

19 février. — Première session de l'année du conseil municipal. Etablissement de la liste d'assistance médicale gratuite. Avis pour demandes de dispense de service militaire par des soutiens de famille.

A la session de mai (deuxième de l'année), il n'y a eu d'intéressant que l'établissement des divers budgets (budget primitif, budget supplémentaire, budget du bureau de bienfaisance.)

Elections partielles. — 17 août. — Installation de deux conseillers municipaux élus le 10 août : MM. Pierre-Marie Vouillon et Jean-Marie Quelin. M. Clément est nommé adjoint en remplacement de M. Jean-Claude Loison, décédé le 19 juin 1902.

Changement d'instituteur. — 25 septembre. — M. Roux, instituteur à Germagny-lès-Buxy, est nommé à Montmelard, en remplacement de M. Bourgeon, nommé vérificateur des poids et mesures, à Grenoble.

Etat civil. — Naissances : 22. — Décès : 21. — Mariages : 10. — Conscrits : 10, Alloin, Bauland, Bonnelain, Desgeorges, Jomain, Morin J., Morin Laurent-Emile, Terrier M.-J., Terrier Marius, Thomas Louis et Terrier J.-M., cousin de Marius.

AUTRES LIEUX

Un terrible ouragan a ravagé la ville de Chalon et les environs, enlevant les toits et faisant sombrer plusieurs bateaux amarrés aux quais de la Saône.

Hiver précoce. — L'hiver a été précoce. Dès le mois d'octobre, le froid s'est fait sentir. En novembre, une couche de neige épaisse recouvre nos contrées.

Elections législatives. — Les élections législatives ont eu lieu les 27 avril et 11 mai (premier et second tours). MM. Dubief et Simyan sont réélus pour l'arrondissement de Mâcon.

Le centenaire du grand poète V. Hugo a été célébré à Paris, le 28 février.

Année 1903.

MONTMELARD

Institutrice. — 1ᵉʳ janvier. — Mme Laurens, adjointe, est nommée institutrice en remplacement de Mme Bourgeon, nommée à Grenoble. Mme Roux est nommée adjointe à l'école des filles à la place de Mme Laurens sus-désignée.

Gare. Train. — 15 février. — Le conseil municipal demande la transformation de la station en gare ouverte au service de la petite vitesse. Cette demande n'est pas accueillie par la Compagnie P.-L.-M., de même qu'une autre demande tendant au rétablissement du train de 6 heures du matin venant de Chalon et se dirigeant sur La Clayette, puis sur Lyon où l'on pouvait arriver à 9 heures du matin.

Cette arrivée matinale n'est actuellement possible qu'à la condition d'aller à 6 h. 1/2 à La Clayette, prendre le train express venant de Paray.

Adjoint. — 17 mai. — M. P.-M. Vouillon est

nommé adjoint au maire, en remplacement de M. Clément, décédé le 27 février 1903.

M. le docteur Loison, demeurant à Lyon, 9, rue du Plat, et propriétaire à Montmelard, récemment élu conseiller municipal en remplacement de M. Clément sus-nommé, est installé dans ses fonctions, à partir du dit jour.

Sécheresse. — Par suite d'une sécheresse prolongée, l'ensemble des récoltes a été au-dessous de la moyenne. La récolte des fruits, en particulier, a été presque nulle.

État civil de l'année 1903. — Naissances : 27 ; Décès : 26 ; Mariages : 6 ; Nombre de conscrits : 10, Fougeras, Genête, Jomain, Jugnon, Moret, Prost, Rhotivel, Sivignon, Terrier, Vézant.

Année 1904.

MONTMELARD

Élections municipales. — 1er mai. — Les élections municipales ont eu lieu le 1er mai. Ont été élus (tous au premier tour) : MM. Laroche, maire; Quelin J.-M., Sambardier Claude, Vézant Benoît, Braillon J.-Claude, Dury Raymond, Reboux J.-Pierre, Desmurs Laurent, Vouillon P.-M., Docteur Loison, Nesme Cl.-M. et Deux J.-Marie.

MM. Laroche et P.-M. Vouillon ont été réélus, le dimanche suivant, le premier maire et le second adjoint.

Bibliothèque. — Octobre 1904. — M. le Ministre de l'Instruction publique a fait une concession de 27 livres à la bibliothèque communale.

Température. — Le mois de décembre a été excessivement doux ; on se croyait au printemps.

État civil de l'année 1904. — Naissances : 20 ; Décès : 20 ; Mariages : 6 ; Nombre de conscrits : 9, Bonnetain, Chevalier, Cottin, Dumont, Lambert, Noyer, Robin, Terrier Marius, Trouilloux.

Année 1905.

MONTMELARD

Pompe, jardin. — Le conseil a voté, au mois de juillet, l'acquisition d'une pompe, du prix de 150 francs, vendue par M. Dellac, quincaillier à Dompierre-les-Ormes. Cette pompe est située dans le jardin de l'instituteur. Elle est alimentée au moyen d'un conduit en plomb, par l'eau d'un réservoir placé dans le jardin de l'institutrice.

Chemin rural. — Un échange de terrain a lieu entre la commune et M. le docteur Loison, en vue du déplacement d'un chemin rural situé au hameau de Vicelaire. (Voir le chapitre des routes et chemins.)

Décès du curé. — 2 août. — Mort de M. Lapalus, curé de la paroisse. Il était à Montmelard depuis plus de trente ans et avait succédé à M. Thevenet, lequel avait été nommé archiprêtre à Chauffailles. M. Lapalus a pour successeur M. Renaud.

État civil de l'année 1905. — Naissances : 25 ; Décès : 28 ; Mariages : 11.

Nombre de conscrits : 20, Lapalus, Prost, Vouillon, Laroche, Desbois, Sambardier, Malatier, Fougeras M., Fougeras Félix, Matray, Therville, Dussauge, Nuzillet, Sivignon, Colin, Desbois, Clément, Dury, Malatier, Nuzillet.

AUTRES LIEUX

Conseil général. — 15 février. — Mort à l'âge de 90 ans de M. Bessard, vice-président du Conseil général pendant 15 ans et maire de Tournus, de 1871 à 1896.

23 juin. — Mort de M. Giraud, notaire, maire et conseiller général à Matour. M. Chatot, notaire, est élu conseiller général à sa place, puis maire de la dite commune.

3 juillet. — Vote par la Chambre des Députés de la loi de séparation des Eglises et de l'Etat.

Pluies. — En novembre, à la suite de pluies torrentielles, des inondations se produisent sur les rives de la Saône et de la Loire.

Année 1906.

MONTMELARD

Assistance médicale. — 18 février. — Le Conseil demande à la Préfecture de bien vouloir désigner comme médecin de l'Assistance, M. le docteur Gras, de Dompierre-les-Ormes. Ce service était précédemment fait par M. Rousseau, médecin au Bois-Sainte-Marie, qui a quitté la région. Satisfaction est donnée à cette demande.

Vieillards. — 8 juillet. — Le Conseil vote les

crédits nécessaires au fonctionnement de la loi du 14 juillet 1905, sur l'assistance aux vieillards et impotents.

19 août. — La création d'un bureau de facteur-receveur est demandé à l'Administration des Postes, à la date de ce jour.

Sécheresse. — Il n'est pas tombé une goutte de pluie, depuis le 20 mai (jour de foire de Mâcon), jusqu'au 30 septembre. Presque toutes les sources ont tari.

Certaines régions ont encore plus souffert que la nôtre, notamment du côté de Cormatin et de Tournus où les maires ont dû prendre des arrêtés de police pour réglementer les prises d'eau dans les puits publics.

Secours. — La perte subie par la commune, du fait de la sécheresse, a dépassé la somme de 200.000 francs. Le Parlement ayant voté un secours de 3 millions, une répartition des fonds a eu lieu par département, puis par commune. Montmelard a été relativement favorisé. Il a reçu, pour sa part, 1.300 francs.

Etat civil de 1906. — Naissances : 18 ; Décès : 20 ; Mariages : 10 ; Nombre de conscrits : 8.

Terrier, Murard, Morin, Desbois, Lambert, Mathieu, Bonnetain, Nesme.

Institutrice. — 1ᵉʳ octobre. — Mlle Duclos, institutrice à la Frette (arrondissᵗ de Louhans) est nommée à Montmelard, en remplacement de Mme Laurens, nommée à Sagy. Mme Roux, adjointe à l'Ecole des filles, passe en la même qualité, à l'Ecole des garçons.

AUTRES LIEUX

Président de la République. — 17 janvier. — M. Fallières, président du Sénat, est élu président de la République, en remplacement de M. Loubet dont le mandat était terminé.

— 30 janvier. — Mort à l'âge de 88 ans, du doyen des souverains d'Europe : Christian, roi de Danemark

10 février. — Mort du cardinal Perraud, évêque d'Autun et membre de l'Académie française.

Nouveau Ministère. — 14 mars. — Un nouveau ministère est constitué sous la présidence de M. Sarrien, député de l'arrondissement de Charolles. Les principaux autres ministres sont :

MM. Bourgeois, Clémenceau, Poincaré, Barthou.

19 Octobre. — M. Sarrien donne sa démission de président du Conseil. Il est remplacé par M. Clémenceau. M. Simyan, député de la 2' circonscription de Mâcon, est nommé sous-secrétaire d'Etat des Postes et Télégraphes.

Froid. — Du 25 décembre au 10 janvier, froid très vif. Le thermomètre descend à 14 degrés au-dessous de zéro. La neige recouvre la terre d'une forte couche. Le mauvais temps est général dans toute la France.

Année 1907.

MONTMELARD

Location du Presbytère. — Par suite de la loi sur la séparation des Eglises et de l'Etat (9 décembre 1905), le presbytère est loué à M. Renaud, curé de la commune, moyennant le prix annuel de 90 francs. Le preneur a, en outre, à sa charge, le remontage de l'horloge, évalué à 50 francs ; ce qui porte le montant de la location à 140 fr. Le bail est fait pour une durée de 3, 6, 9 années, à compter du 13 décembre 1906.

Bibliothèque. — La commune a reçu du ministère, une concession gratuite de sept cartes géographiques, pour ses écoles.

Cherté du bétail. — L'année 1907 a encore souffert de la sécheresse, mais beaucoup moins que l'an dernier. Le bétail continue d'être cher : les veaux ont valu jusqu'à 135 francs les cent kilos, et les porcs, 125 francs.

Perception. — Le siège de la perception, qui était jusque-là à Matour, a été transféré à Dompierre, en juillet 1907.

Conseiller général élu. — A cette date, M. Gras, docteur à Dompierre, est élu conseiller général du canton de Matour, en remplacement de M. Chatot, maire et notaire au dit Matour.

Etat civil de 1907. — Naissances : 14 ; Décès : 18 ; Mariages : 11 ; Nombre de conscrits : 5, Jomain, Malatier, Morin, Sivignon, Lannes.

AUTRES LIEUX

Du 20 au 25 février, la neige tombe abondamment. La première quinzaine de mars est pluvieuse. Le 11, la température s'abaisse à 6°.

24 mars. — Assassinat, à Marakech, du docteur Mauchamp, fils de M. Mauchamp, conseiller général à Chalon. Il était directeur du dispensaire médical de Marakech (Maroc).

Conquête du Maroc (début). — Cet événement fut en partie, le point de départ de la conquête du Maroc.

Troubles dans le Midi. — Par suite de la mévente des vins, les régions du Midi (Hérault, Aude, Pyrénées-Orientales) se soulèvent et refusent le payement des impôts. Les municipalités démissionnent ; de sanglantes bagarres ont lieu à Narbonne, à Béziers et à Perpignan. Dans cette dernière ville, les émeutiers incendient la Préfecture. (A signaler le célèbre agitateur Marcelin Albert.) Force enfin reste à la loi et tout rentre dans l'ordre.

Année 1908.

MONTMELARD

Elections municipales. — 3 mai. — Sont élus (tous au premier tour) : MM. Laroche, maire : Quelin, J.-M. Vouillon, J.-Louis Morin, J.-P. Reboux, Claude Sambardier, docteur Loison, P.-M. Vouillon, Laurent Desmurs, B. Vézant, Raymond Dury et J.-Cl. Braillon.

17 mai. — M. Laroche est réélu maire et M. P.-M. Vouillon adjoint.

Bureau de poste. — 2 août. — A la réunion du conseil de ce jour, M. le Maire donne connaissance d'une lettre de M. le Préfet annonçant que le bureau de poste, demandé par délibération du 19 août 1906, est créé par décision ministérielle du 17 juillet dernier.

Après choix et location d'un immeuble situé au centre du bourg, appartenant à M. Quelin, pâtissier à Lyon, les travaux d'aménagement du bureau sont exécutés par M. Jean-Marie Terrier, maître charpentier à Montmelard ; ils sont terminés vers le 20 novembre suivant et le service postal commence le 1er décembre 1908.

La location du prix de 200 francs est payée par l'Etat. La commune n'a à sa charge qu'une dépense de 60 francs, relative à l'installation matérielle du bureau (tables, rayons, casiers).

Le premier facteur-receveur est M. Monget. Le service postal se trouve alors assuré par le dit M. Monget et un facteur rural, M. Desmurs.

Téléphone. — Le conseil ayant sollicité la création du téléphone, l'Administration réclame tout d'abord à la commune, le montant total de la dépense à effectuer ; et celle-ci s'élève à 5,950 francs.

Mais, à la suite de nombreuses démarches, et grâce à des appuis précieux (MM. Dubief et Simyan, députés), on ne demande plus qu'une somme de 600 francs, remboursable annuellement, dans un délai maximum de dix ans.

Récolte. — L'année 1908 a donné une récolte au-dessus de la moyenne. Mais, par suite du manque de pluie en septembre et en octobre, les semailles se sont effectuées difficilement et tardivement.

Etat civil. — Naissances : 15 ; Décès : 10 ; Mariages : 14 ; Nombre de conscrits : 11, Lapalus, Mathieu, Sambardier, Desbois, Therville, Marin, Labrosse, Desbois, Terrier, Bonnetain.

Conscrits (coutume). — Chaque année, en général, les jeunes gens remettent à la mairie, pour être arboré aux jours de fêtes nationales, leur drapeau de conscrits. Ils ont également l'habitude d'offrir à M. le Maire un magnifique bouquet ainsi qu'une belle écharpe tricolore avec franges dorées.

Le soir du conseil de revision (autrefois du tirage au sort), a lieu un banquet amical où assistent, outre les conscrits, leurs parents, le maire et l'instituteur. Vers la fin du repas, les jeunes gens qui formeront la prochaine classe, viennent rejoindre leurs aînés, pour se réjouir avec eux. On lira plus loin, un récit complet sur ce sujet.

Maroc. — 29 février. — Violent combat au Maroc. Le général d'Amade repousse l'ennemi ; mais la pacification se fait lentement, malgré la bravoure de nos troupes.

Neige. — 21 avril. — Après quelques jours d'un temps doux et très beau, le froid se met brusquement à sévir. Il neige le 20. Le froid est général, mais les récoltes peu avancées ne souffrent pas de ce contre-temps.

Agent voyer décédé. — 31 mai. — Mort à Tramayes de M. Chervet, conseiller général de ce canton depuis 1894. M. Chervet était autrefois ayent voyer à Dompierre. C'est lui qui a établi les plans et devis de nos bâtiments communaux et d'une partie de nos routes et chemins. Il a été remplacé par M. Luquet, puis par M. Després, actuellement en exercice à Dompierre-les-Ormes.

16 août. — M. Sarrien, député de l'arrondissement de Charolles, ancien président du Conseil des Ministre, est élu sénateur de Saône-et-Loire par 1,081 voix sur 1,268 votants.

Année 1909.

MONTMELARD

École de Charnay (Projet). — 17 mars. — Une commission composée de M. le Maire et de plusieurs conseillers est chargée d'étudier les conditions dans lesquelles on pourrait créer, au hameau de Charnay, une école mixte.

A la suite de diverses démarches et pourparlers, le conseil municipal, considérant que la dépense s'élèverait à environ 11,000 francs et qu'elle grèverait trop lourdement le budget, en raison du faible nombre d'élèves susceptibles de fréquenter l'école en question, rejette à l'unanimité le projet de construction.

Téléphone. — 1er août. — Le téléphone commence à fonctionner le 1er août 1909. Un porteur, payé par la commune, est chargé de remettre à domicile les dépêches et avis d'appels à la cabine téléphonique. Cette nouvelle facilité de correspondance est très favorablement accueillie par la population.

A partir de cette époque, Montmelard se trouve donc pourvu, sans de grosses dépenses, d'un bureau de poste et d'un service téléphonique.

Chêneaux aux toits de l'école. — 20 août. — Pose de chêneaux aux toits de l'école de garçons et de celle des filles par M. Joanny Dupuis, ferblantier à Dompierre-les-Ormes. Ces chêneaux, tout en protégeant les bâtiments, conduisent l'eau de pluie dans un réservoir situé dans le jardin de l'institutrice. L'eau d'arrosage sert à la fois au jardin de l'institutrice et à celui de l'instituteur, grâce au conduit et à la pompe dont il a été parlé plus haut (année 1905).

C'est, dans l'ensemble, une importante amélioration.

Octobre. — Plantation de mélèzes et de pins dans un bois communal situé sur la montagne de Saint-Cyr.

Cylindrage du bourg. — A la même époque,

empierrement et cylindrage du chemin traversant le bourg.

Les habitants de ce dernier ont payé une partie de la dépense et la commune le reste.

1er octobre. — Mlle J. Vernay, institutrice adjointe à La Chapelle-de-Guinchay, est nommée en la même qualité à l'école de filles de Montmelard.

Récolte du foin. — L'année 1909 a été, au point de vue de l'ensemble des récoltes, une année moyenne ; le foin a été très peu abondant et de qualité médiocre, à cause des pluies persistantes qui sont tombées pendant la fin juin et le commencement de juillet.

Etat civil. — Naissances : 16 ; Décès : 16 ; Mariages : 9 ; Nombre de conscrits : 15, Thevenet, Carrette, Sivignon, Desbois, Guilloux, Marin, Therville, Morin, Laroche, Bailly, Sambardier, Prost, Lorton, Prost, Alloin.

AUTRES LIEUX

Du 15 au 25 mars. — Grève des employés des Postes à Paris et dans les grands centres.

Traversée de la Manche. — 25 juillet. — Première traversée de la Manche par l'aviateur français Blériot, en aéroplane.

31 juillet. — Voyage du czar en France. Nouvelle affirmation de l'alliance franco-russe.

Année 1910.

MONTMELARD

Crépissage de l'école. — Juin. — Crépissage des murs de l'école des garçons et de la mairie, par les maçons de Montmelard : Malatier J.-M., Bauland Antoine et Louis-Marie Petit. Un traité de gré à gré passé avec ces ouvriers autorise le payement de la dépense, qui s'élève à 481 fr. 72.

L'inscription extérieure : Mairie, Ecole communale, date de cette époque.

Novembre. — On demande à nouveau, sans succès, le rétablissement du train de 6 heures du matin, venant de Chalon et se dirigeant sur La Clayette.

Ancien maire décédé. — 14 octobre. — Mort, à l'âge de 76 ans, de M. Louis-Marie Marin, ancien maire de Montmelard, de 1892 à 1896. M. Marin avait été prévôt d'armes pendant son séjour au régiment. Il a servi au 10ᵉ régiment de cuirassiers, puis à la 1ʳᵉ compagnie de cavalerie de remonte.

Etat civil de l'année 1910. — Naissances : 17 ; Décès : 12 ; Mariages : 7 ; Nombre de conscrits : 4, Lapalus, Dargaud, Malatier Julien, Malatier Claudius.

AUTRES LIEUX

Crue de la Saône. — 15 au 25 janvier. — Les rivières débordent partout. La Saône atteint 6 m. 50 à Chalon et 7 mètres à Mâcon. A Paris, la Seine cause de grands dégâts par ses débordements.

7 mai. — Mort, à l'âge de 69 ans, du roi d'Angleterre Edouard VII, grand ami de la France.

Mauvaise récolte de vins. — La température du mois de septembre est froide et humide ; les pluies répétées ont causé de graves préjudices à la vigne. La récolte du vin est presque nulle dans le Mâconnais.

5 octobre. — La République est proclamée en Portugal. La famille royale quitte précipitamment Lisbonne.

Année 1911.

MONTMELARD

Assistance aux vieillards. — A sa réunion de mai, le conseil demande le maintien du taux mensuel de dix francs, précédemment établi pour l'assistance aux vieillards, infirmes et incurables (loi du 14 juillet 1905). Il demande également la revision du traitement du percepteur. Ce traitement, qui était de 396 francs, est ramené à 371 francs.

En raison de l'augmentation croissante du travail de mairie (assistance aux vieillards, enfants assistés, retraites ouvrières), le traitement annuel du secrétaire qui était de 300 francs est porté à 400 francs.

Récolte du sarrasin. — La récolte du sarrasin ou *blé noir* a été presque nulle. Les autres récoltes sont au-dessous de la moyenne.

Cherté des produits. — Le bétail est toujours cher. Les porcs gras se vendent de 140 à 148 francs les 100 kilos. Le beurre a valu jusqu'à 1 fr. 65 le demi-kilo. Au mois de septembre, les œufs ont valu 1 fr. 50 la douzaine.

État civil. — Naissances : 15 ; Décès : 12 ; Mariages : 11 ; Nombre de conscrits : 11, Bailly, Grisard, Guérin, Labrosse, Malatier, Picard, Sambardier, Sivignon, Terrier, Vouillon, Ducloux.

AUTRES LIEUX

Accident mortel à un ministre. — 21 mai. — MM. Monis, président du Conseil, et Berteaux, ministre de la Guerre, sont, le premier grièvement blessé, le second tué par l'aviateur Train qui prenait part à la course *Paris-Madrid* et n'a pu maintenir son aéroplane.

Vendanges. — Septembre. — Les vendanges, favorisées par un temps exceptionnel et la chaleur de l'été, se font dans d'excellentes conditions. Les vins de 1911 sont de qualité supérieure ; malheureusement la production est un peu faible.

Guerre italo-turque. — 1ᵉʳ octobre. L'Italie, désireuse de s'annexer la Tripolitaine, déclare la guerre à la Turquie et s'empare de Tripoli, puis du reste de la province.

Année 1912.

MONTMELARD

Boîtes aux lettres supplémentaires. — 11 février. — Au cours de sa réunion de février, le conseil municipal a décidé l'installation de quatre boîtes aux lettres supplémentaires. Ces dernières sont actuellement placées dans les lieux suivants : à Charnay, à Vigousset, aux Janauds et à Vicelaire. L'ensemble de la dépense, y compris la pose des boîtes, s'est élevé à 57 francs.

10 mars. — Le conseil donne son approbation à la gestion financière de M. Péron, ancien percepteur du canton de Matour et receveur communal. M. Péron a été nommé en avancement à Givry. Il est provisoirement remplacé par un surnuméraire, M. Tixier.

Automne froid. — Les mois d'août et de septembre ont été froids. L'année qui s'annonçait très précoce est presque tardive, en raison d'un été pluvieux et sans chaleur. Le vin a été très abondant, mais de qualité très médiocre.

Pommes de terre. — La récolte de pommes de terre a été tout à fait bonne, comme quantité et qualité. Prix des 200 kilos (ou du tonneau) : 9 à 11 francs, selon les variétés.

Élections. — Les élections municipales ont eu lieu, dans toute la France, les 5 et 12 mai. Voici les résultats, en ce qui concerne notre commune:

Elus au premier tour : MM. Laroche, maire ; J.-L. Morin, J.-M. Vouillon, Joseph Gueurce, Claude-Marie Gelin, Pierre-Marie Vouillon, Eugène Loison, Jean-Marie Terrier, Raymond Dury, Jean-Claude Braillon et Jean-Louis Augoyard.

Au deuxième tour (ballottage) : Jean-Antoine Loison.

19 mai. — Election du maire et de l'adjoint. M. Laroche est réélu maire pour la sixième fois, et M. Vouillon, adjoint pour la quatrième fois.

M. Chapuis, facteur-receveur à Mellecey, est nommé à Montmelard, en remplacement de M. Monget, nommé à Péronne, canton de Lugny (21 mai).

14 juillet. — M. Antoine Briand, cultivateur à Trivy, est nommé facteur rural à Montmelard, en remplacement de M. Claude Desmurs, nommé comme facteur-chargeur à Paris..

M. Aubaile, percepteur dans le département d'Indre-et-Loire, est nommé à Dompierre-les-Ormes, en remplacement de M. Tixier, surnuméraire. M. Aubaile est entré en fonctions le 1er mai.

La moisson a été très précoce cette année. On a commencé de couper le froment chez M. Jacques Colin, du hameau des Hayes, le 10 juillet. Le 20, tout était terminé dans la commune, sauf aux Grands-Vernays et à Saint-Cyr.

Le battage à la machine a commencé le 23 juillet.

État civil. — Naissances : 21 ; Décès : 11 ; Mariages : 15 ; Conscrits : 7, savoir : Antonin Morel, Jean Deux, Jean-Marie Matray, Joseph Dauendorffer, Marius Gelin, Louis Noly, Marius Dargaud. Six ont été reconnus bons pour le service.

AUTRES LIEUX

Un nouveau ministère est constitué sous la présidence de M. Poincaré. Ses principaux collaborateurs sont : MM. Briand, Bourgeois, Millerand, Delcassé.

Année 1913.

L'année 1913 étant la dernière qui figurera sur le présent livre, j'en ferai le compte rendu un peu plus détaillé que celui des années précédentes, surtout au point de vue agricole et commercial.

Voici d'abord ce qui concerne plus spécialement la commune.

MONTMELARD

En dehors de ce qu'on nomme l'expédition des affaires courantes, il n'y a rien eu de bien particulier sous le rapport administratif.

Néanmoins, voici quelques faits :

Divers travaux d'entretien assez importants ont été exécutés dans l'ensemble des bâtiments communaux (église, écoles et presbytère).

A sa session d'août, le conseil a fixé à la somme de 6 francs l'allocation mensuelle à accorder par enfant, aux familles nécessiteuses ayant plus de trois enfants au-dessous de treize ans. (Loi sur les familles nombreuses.)

Dans la même réunion, il a fixé à un franc le taux de l'allocation journalière à accorder aux femmes en couches se trouvant dans les conditions visées par la loi du 30 juillet 1913.

A la session de novembre, la commission du bureau de bienfaisance et le conseil municipal établissent la liste des personnes appelées à bénéficier présentement de la première des deux lois ci-dessus indiquées (familles nombreuses).

Le conseil répartit en outre, au cours de la même session, le crédit de 300 francs porté au budget, pour l'entretien des chemins ruraux, savoir :

100 francs pour le hameau des Grands-Vernays ;

50 francs pour celui de Vauzelle ;

50 francs pour celui de Villars ;

100 francs pour celui des Janauds.

Le 28 août a eu lieu le conseil de revision pour le canton de Matour (classe 1913).

Nos conscrits étaient les nommés : Charles Augoyard, Eugène Baulaud, Joanny Chevalier, Victor Desbois, Louis Laroche, Louis Nuzillet, Jean-Marie Prost, François Sanlaville et Jean-Louis Vouillon ; un a été réformé, deux ont été ajournés et six ont été déclarés bons pour le service.

1ᵉʳ octobre. — Nomination de Mlle Guillet comme institutrice, en remplacement de Mlle Duclos, admise à la retraite ; Mlle Guillet était précédemment adjointe à Saint-Gengoux-le-National.

Un concours agricole ayant eu lieu à Matour, les 6 et 7 septembre, voici par ordre alphabétique les noms des habitants de Montmelard qui ont reçu des récompenses :

1° Claude Antoine, médaille d'argent et prime de 20 francs pour travaux de terrassement et d'irrigation.

2° Chevalier père et fils, médaille d'argent, grand module, pour travaux d'adduction d'eau et défrichement.

3° Jean-Claude Gilles, médaille de bronze et 10 francs à titre d'auxiliaire agricole.

4° Pierre Grisard, prix de 5 francs pour un superbe bouc élevé par lui.

5° J.-M. Guilloux, prix de 20 francs pour une jument suitée poulinière.

6° Jean Murard, médaille de bronze pour travaux d'assainissement et d'irrigation.

7° Benoît Narboux, mention honorable et 10 francs, comme auxiliaire agricole.

8° Claudius Reboux, médaille de bronze pour construction d'une charrette anglaise.

9° Antoine Rhotivel, mention honorable, à titre de domestique agricole.

10° J. Roux, instituteur, médaille d'argent, pour travaux historiques et enseignement agricole.

11° J.-M. Savin, médaille de bronze, pour travaux d'adduction d'eau et de défrichement.

12° B. Vézant, médaille de vermeil, pour travaux d'adduction d'eau sur grande distance (1,500 mètres).

Naissances : 15 ; Décès : 16 ; Mariages : 12.

Récoltes diverses. Cours commerciaux.

Le foin a été assez abondant ; mais à cause des pluies persistantes de juin et de juillet, on l'a rentré péniblement et dans de mauvaises conditions.

Par suite de la pourriture, les pommes de terre n'ont donné qu'un rendement médiocre. Leur arrachage a été long et difficile en raison de la quantité d'herbes (surtout des ravenelles) qui les avaient envahies, à la suite des pluies continuelles de toute cette année.

Elles ont valu en gros, de 10 à 14 francs le tonneau de 200 kilos, selon les variétés et le choix.

En blé, la récolte s'est effectuée dans la moyenne ; celle de fruits a été complètement nulle : les gelées printanières en sont la cause.

La récolte de sarrasin a été bien meilleure que celle de l'année dernière ; elle compense un peu le déficit des pommes de terre.

En résumé : 1913 a été une année au-dessous de la moyenne.

A titre de souvenirs pour nos descendants, voici les cours commerciaux pratiqués actuellement sur les principaux articles de vente ou d'achat.

MARCHÉS DE LYON

Les prix ci-dessous sont à peu de chose près, ceux de nos régions, car les cours pratiqués à Lyon, surtout ceux de l'important Marché de Vaise, sont les grands régulateurs du commerce de tout le centre de la France et en particulier de notre département.

Bœufs (2 décembre). — Prix extrêmes : 145 à 180 les 100 kilos, au poids mort, c'est-à-dire une fois les animaux abattus et la dépouille enlevée ; au poids vif, les cours ont varié entre 80 et 102 les 100 kilos.

Veaux, première qualité : 132 fr. les 100 kil.; deuxième qualité : 126 fr. ; troisième qualité : 121 fr. — Prix extrêmes : 115 à 138 fr. les 100 kilos. Vente difficile et en baisse.

Porcs (marché du jeudi 4 décembre) : Amenés: 1.218, renvoi : 30. — Prix extrêmes : 96 à 112 fr. les 100 kilos.

A la dernière foire de La Clayette (2 décembre), les bœufs ont valu de 72 à 80 fr. les 100 kilos ; les veaux, de 65 à 70 fr. les 50 kilos ; les moutons, de 90 à 110 fr. les 100 kilos ; les porcs gras, de 54 à 57 fr. les 50 kilos ; les hivernons, de 35 à 60 fr. la pièce ; les laitons, de 20 à 35 fr. la pièce. Il y avait 15 chevaux qui ont été vendus de 300 à 800 francs. Le beurre a valu 1 fr. 30 la livre ; les œufs, 1 fr. 60 la douzaine et les petits poulets, de 4 à 5 francs la paire.

Le blé de qualité moyenne vaut en ce moment 27 fr. les 100 kilos ; l'avoine, 19 fr. 50 ; le seigle, 18 fr. ; le sarrasin, 18 fr, ; la farine ordinaire, 47 fr. les 125 kilos ; le son, 11 fr. 75 à 12 fr. les 100 kilos.

La paille de froment, suivant choix, se vend de 3 fr. 50 à 4 fr. les 100 kilos ; le foin du pays vaut de 6 fr. 50 à 7 fr. les 100 kilos.

(J'ai relevé tous ces divers prix, très exactement, sur un journal local, afin d'avoir les cours qui se rapportent à nos régions.)

Faits principaux concernant des lieux autres que Montmelard.

17 janvier. — M. Raymond Poincaré, Président du Conseil des Ministres, est élu Président de la République en remplacement de M. Fallières dont le septennat était terminé.

14 juillet. — Loi sur l'assistance aux familles nombreuses.

7 août. — Vote définitif par le Sénat, de la loi militaire fixant la durée du service à 3 ans, et le départ au régiment à 20 ans.

Des pluies abondantes sont tombées pendant les mois de novembre et de décembre. La Saône recouvrait plusieurs rues et places de Chalon et de Mâcon.

La guerre des Balkans s'est terminée par la paix de Bucarest qui a enlevé aux Turcs une grande partie de leur territoire situé en Europe, au profit de ses adversaires : les Grecs, les Serbes, les Monténégrins et les Bulgares. Ces derniers s'étant montrés trop exigeants pour le partage des conquêtes, une nouvelle guerre eut lieu entre la Bulgarie d'une part, et ses anciens alliés de l'autre. Ceux-ci aidés des Roumains ont infligé plusieurs défaites aux Bulgares, à la suite desquelles, la part qui leur avait été tout d'abord attribuée a été fortement diminuée. En outre, les Turcs ont réussi à leur reprendre l'importante ville d'Andrinople.

Un accord très amical est intervenu entre la France et l'Espagne au sujet des zones de territoires réciproquement soumises au protectorat de chacune d'elles.

L'aviation fait de plus en plus de progrès. Le célèbre et courageux Pégoud a trouvé moyen d'effectuer des vols renversés qui étonnent tout le monde.

Les vins du Mâconnais, dans le bon ordinaire, ont valu de 90 à 100 francs la pièce. Ceux du Beaujolais, même catégorie, ont valu de 100 à 120 francs la pièce de 214 litres. Le vin blanc de Fuissé s'est vendu 75 à 80 francs la feuillette, logée, c'est-à-dire avec le fût compris. La 2° qualité a valu 60 à 70 francs la feuillette nue, c'est-à-dire non logée.

J'ouvre ici un chapitre d'un genre spécial. Ce chapitre se subdivisera lui-même en plusieurs autres secondaires de nature différente.

C'est pourquoi, j'ai choisi les trois titres suivants :

Particularités. Coutumes. Variétés.

Aspect du bourg un dimanche matin.

Dès les sept ou huit heures, selon la saison, on voit arriver de toutes les directions, des hommes, des femmes et des enfants se rendant, les uns, sur la place, les autres, chez les commerçants du bourg.

C'est que, ce jour-là, indépendamment de l'office religieux qui occasionne ce mouvement de population, un véritable marché a lieu dans les magasins. Dans deux d'entre eux, notamment (chez M. Vézant et chez M. Terrier), les ménagères apportent leurs produits de basse-cour (œufs, beurre, volailles) et les échangent soit directement contre de l'argent, soit contre des articles d'épicerie ou de mercerie.

Les autres boutiques ne chôment pas davantage : il y a du monde, un peu partout.

Le bureau de poste, le téléphone et la mairie, le bureau de tabac, ont également leurs clients particuliers, car beaucoup de personnes remettent au dimanche, les commissions qui n'ont pas un caractère d'urgence.

Deux bouchers arrivés de Dompierre, d'assez bon matin, débitent leur viande, sur le derrière de leurs voitures ; un charcutier du même lieu écoule ses produits dans une remise. Parfois, c'est un marchand ambulant qui vend de la vaisselle, ou de la chaussure, ou de la coiffure, etc.

Mais la place et la rue, jusque-là très mouvementées, deviennent peu à peu calmes et presque désertes. C'est le moment de la Messe. Une heure s'écoule... Et le même mouvement, le même va-et-vient renaissent de plus belle.

Tout d'abord, on voit un homme, M. Simon Desbois, 64 ans, gravir une sorte de piédestal situé à droite de la grande porte de l'église. C'est le garde champêtre qui, entre autres fonctions, remplit celle de tambour-afficheur, bien qu'il ne fasse jamais résonner cet instrument guerrier, illustré à Arcole et en tant d'autres lieux.

Tantôt, le garde publie, avant de l'afficher, un avis annonçant l'arrivée du Percepteur ou du Contrôleur, ou du Vérificateur des poids et mesures ; tantôt, il donne connaissance d'une réclame commerciale ou d'une vente publique.

D'autres fois, il s'agit d'une communication de M. le Préfet ou de M. l'Inspecteur des Enfants-assistés, etc., etc. Les publications terminées, des groupes nombreux se forment aussitôt et échangent leurs impressions sur l'état des récoltes, sur le beau ou le mauvais temps, sur les faits d'actualité, etc.

Les uns reprennent le chemin du bureau de tabac ou de la mairie, ou du bureau de poste ; d'autres rentrent directement à leurs domiciles ; les ménagères vont dans les magasins compléter ou chercher leurs emplettes.

La plupart des hommes se rendent dans les trois ou quatre cabarets de la localité.

Et c'est là que, pendant une heure ou deux, s'échangent les propos joyeux et variés sur les sujets les plus divers.

Des bouteilles de vin blanc et de vin rouge, en hiver, de bière et de limonade, en été, se vident assez rapidement.

La conversation excitant l'appétit, les consommateurs le calment en demandant à la maîtresse d'hôtel de leur apporter des couronnes de gâteau. Et cela n'est pas nuisible au débit des liquides !...

Enfin, vers les 11 h. 1/2, midi, les salles d'auberge, après les bouteilles, se vident à leur tour. On échange des poignées de main, en se donnant rendez-vous au dimanche suivant ou à la foire prochaine. Et chacun reprend le chemin du logis, en compagnie des habitants de son quartier.

En résumé, et ainsi qu'on peut s'en rendre compte par le faible exposé qui précède, notre modeste bourg de Montmelard présente néanmoins, le dimanche matin, une réelle animation et un cordial entrain.

Pendant la soirée du même jour, il est, au contraire, d'un calme absolu, plus absolu même que dans certains hameaux de la commune où les jeux de quilles fonctionnent activement, notamment à Charnay, à Villars, à Vigousset, à Longverne, à Vauzelle.

Fêtes patronale, locale et fêtes de familles.

Les fêtes locales annuelles comprennent :

1° La fête patronale, qui a lieu le 16 juin, quand la Saint-Cyr qui l'occasionne, tombe un dimanche. Elle a lieu le dimanche qui suit le 16 juin, quand cette date correspond à un jour ouvrable.

2° La fête nationale du 14 juillet qui se manifeste par le pavoisement et l'illumination de la mairie et des écoles et parfois par un banquet public.

(La fête patronale sera décrite plus loin.)

3° La fête du hameau de Longverne ou mieux de la Maison-Brûlée. On la désigne ordinairement sous le nom de *fête du thym*. Elle a lieu quinze jours après celle du pays, c'est-à-dire dans la première quinzaine de juillet.

C'est l'époque où l'on commence à récolter les fruits d'une plante, sorte de sous-arbrisseau qu'on trouve en abondance sur les flancs nord et nord-ouest de la montagne de Saint-Cyr.

Cette plante est désignée à tort, ici et dans les environs, sous le nom de thym par confusion avec une plante aromatique très commune dans les pays montagneux de nos contrées. Son véritable nom est celui d'airelle myrtille ou plus simplement airelle (famille des vacciniacées).

Le fruit des diverses variétés d'airelles est comestible, diurétique et astringent. Il est employé en médecine dans les diarrhées chroniques. Il sert en certains pays à faire un petit vin aigrelet assez bon à boire. Dans nos régions, on en fabrique une liqueur d'un goût agréable.

Outre les trois fêtes mentionnées ci-dessus et qui ont un caractère public et champêtre, on peut encore citer celles qu'on nomme les fêtes de famille. Elles se font à toutes les époques de l'année. C'est ce qui les distingue surtout des précédentes. Elles ont lieu à l'occasion d'un baptême, d'une première communion, d'un mariage.

On peut encore ranger dans le même ordre, la petite réjouissance d'un genre tout spécial à laquelle donne lieu le dîner qu'on nomme le *repas de cochon*. Disons deux mots de cette fête.

Aux environs de Pâques, soit avant, soit après, les cultivateurs tuent, en vue de leur alimentation, un porc plus ou moins gros, selon leurs besoins et aussi un peu selon leur aisance.

A cette occasion, ils invitent leurs parents et quelques amis à assister à un gai et copieux repas dont le pauvre porc exécuté la veille fait largement les frais.

Il n'est pas rare de voir, à ces sortes de joyeuses agapes, une vingtaine de convives, et parfois davantage, réunis sous le même toit par la même invitation.

Les foires de Montmelard.

Hélas ! nos pauvres foires sont actuellement bien disparues en temps que foires proprement dites !

Mais, de même qu'on ne doit pas mépriser les gens parce que l'adversité les accable ; de même, il faut se garder d'oublier les institutions de son pays qui ont pu subir un sort malheureux.

D'autant plus, qu'en ce qui concerne nos quatre foires, ceux qui nous ont précédé ont lutté vaillamment pour en obtenir la création ; car c'est chose plus difficile qu'on ne pense communément, que d'obtenir la création d'une foire et à plus forte raison de plusieurs.

HISTORIQUE

Voici la délibération prise par le conseil municipal, à la date du 13 mai 1866.

. . . .

« Le Conseil municipal de Montmelard étant réuni sous la présidence de M. Dargaud Pierre-Marie, pour sa deuxième session ordinaire. étaient présents : MM. Murard J.-M., Labrosse

Claude, Sambardier Benoît, Roberjon François, adjoint, Rizard Pierre, Desmurs Claude, Loison Jean-Claude, Prost Joseph, Corneloup Jacques, Vauzelle Guillaume et Dargaud Pierre-Marie, maire.

. . . .

M. le Président expose au Conseil que la commune de Montmelard ne jouit jusqu'alors d'aucun commerce, bien que cependant, par son étendue de territoire, sa population et surtout par le grand nombre de porcs qu'on y engraisse chaque année s'élevant à peu près à une somme de 80,000 francs, non compris les bœufs, vaches, veaux, moutons, chèvres et volailles dont la commune nourrit un très grand nombre et qui fait qu'elle occupe le troisième rang dans les communes du canton :

Vu, d'un autre côté, que le bourg de Montmelard est traversé par le chemin de grande communication n° 41, de La Clayette à Salornay-sur-Guye avec embranchement par la vallée de Brandon par Cluny et Mâcon, aboutissant à la gare de Chandon (Trivy), gare du chemin de fer de Paray-le-Monial à Mâcon, en voie de création, et pour laquelle la commune de Montmelard s'est empressée de voter une somme de 1,200 francs, demandée par M. le Préfet, pour l'exécution du dit chemin de fer si longtemps désiré ;

Considérant qu'il existe encore un débouché de chemin d'intérêt public de Gibles à Matour avec embranchement sur Monsols, Beaujeu, Villefranche et Lyon, sans parler des communes de Gibles, Ozolles et Colombier, communes voisines qui, comme Montmelard, n'ont point de foire ;

Considérant qu'il est du devoir d'une bonne administration de favoriser le commerce, le plus possible, afin de procurer aux cultivateurs les moyens de vendre leurs marchandises avec plus de facilité ; vu que les foires les plus rapprochées de Montmelard sont encore à une distance de plus de neuf kilomètres ;

Le Conseil,

Vu l'exposé de M. le Maire, délibère à l'unanimité que la création de deux foires au bourg de Montmelard est d'une grande utilité sous tous les rapports.

C'est pourquoi il prie M. le Préfet de vouloir bien établir, au bourg du dit Montmelard, deux foires qui se tiendraient : la première, le 16 février, et la deuxième, le 27 décembre de chaque année.

L'Assemblée supplie M. le Préfet de vouloir bien prendre leur position en considération et par là, accorder à la commune de Montmelard les deux foires qu'elle sollicite.

Fait et délibéré les jour, mois et an que dessus.

Lecture faite, nous avons signé.

(Suivent les signatures des personnes désignées ci-dessus.)

. . . .

Eh bien, malgré les excellentes raisons invoquées, l'Administration supérieure ne donna pas satisfaction à notre commune.

Ce ne fut qu'à la suite d'une nouvelle demande adressée le 3 janvier 1875, qu'un arrêté préfectoral du 13 octobre de la même année, nous accorda les foires du 16 février et du 28 avril.

En 1880, et le 23 mai, le Conseil sollicita la création de trois foires nouvelles qu'il fixa aux dates ci-après : 27 janvier, 24 août et 14 novembre. Les deux premières seules furent autorisées par arrêté du 15 septembre 1880.

Quelques années plus tard, en 1886, un nouvel

arrêté préfectoral décida, sur la demande de la municipalité, le transfert au 26 décembre de la foire du 24 août.

PÉRIODE DE PROSPÉRITÉ

Ces demandes successives indiquent très nettement que les transactions réalisées dans notre pays étaient relativement importantes.

Et comme cette époque n'est encore guère lointaine, beaucoup de personnes s'en souviennent parfaitement.

Evidemment, il ne faut rien exagérer ; ne comparons pas nos foires à celles de La Clayette ou de Dompierre, même au temps de leur plus vif éclat : nous sommes à Montmelard, restons à Montmelard.

Les deux foires les plus fortes étaient celles du 27 janvier et du 16 février, surtout, pour les porcs, dont le nombre s'est élevé jusqu'à 400.

Ce chiffre n'a rien de surprenant puisqu'en 1906, c'est-à-dire en plein déclin, l'adjudicataire de la bascule publique, M. Vincent Braillon, a pesé à la foire du 27 janvier, exactement 200 porcs.

Il est vrai que ce nombre n'avait pas été atteint

depuis plusieurs années et qu'il n'a jamais revu le jour.

A la foire du 28 avril, on a compté près de cent vaches et une quantité de petits porcs d'élevage.

Les bœufs et les vaches se tenaient sur la place et allaient jusque vers l'église et le cimetière ; les porcs occupaient le côté opposé et s'étendaient dans la direction du bourg. Venaient ensuite les moutons qu'on voyait stationner jusqu'en face la maison de M. Chanut, située environ au milieu du bourg.

On trouvait également à nos foires un certain nombre de marchands de produits divers et principalement des marchands drapiers. Leurs bancs s'alignaient le long des immeubles de MM. Corneloup et Chemarin.

Pour la foire du 16 février, dite *foire des domestiques*, on voyait de nombreux jeunes gens dont les coiffures, casquettes ou chapeaux, étaient ornées de toutes petites branches de sapin, de laurier ou de houx. Parfois, ils arboraient à leur boutonnière ou à leur chapeau une simple feuille de l'un de ces deux derniers arbustes.

On remarquait aussi des jeunes filles portant à la main les mêmes petites branches de verdure dont je viens de parler.

C'étaient là les signes auxquels on reconnaissait ceux et celles qui désiraient se placer comme domestiques de culture.

En ce temps, la main-d'œuvre était moins rare que de nos jours : c'est pourquoi l'offre allait au-devant de la demande.

Il venait couramment à nos foires des gens de tous les pays environnants : de Gibles, de Verosvres, d'Ozolles, de Matour, de Dompierre, d'Aigueperse, de Saint-Racho, de Varennes, etc.

Pour traverser le bourg, il fallait, m'a-t-on dit, jouer des coudes, afin de se frayer un passage, notamment à la foire du 16 février.

Les restaurants Prost, Sanlaville, Lavigne, Quelin et Chemarin regorgeaient de clients, du rez-de-chaussée au premier étage.

C'est à cette foire du 16 février, ainsi qu'on l'a vu dans un chapitre précédent, que les conscrits manifestaient et manifestent encore pour la première fois leur joyeuse existence.

Rien ne manquait donc à l'embellissement de

cette agréable journée : commerce, mouvement, affluence d'étrangers, gaieté juvénile.

Pourquoi faut-il que ces temps heureux ne soient plus !...

DÉCADENCE DES FOIRES
LEUR TRANSFORMATION EN MARCHÉS

On sait que le chemin de fer de Chalon à Roanne a commencé de circuler dans nos régions à partir du 1ᵉʳ mars 1889.

Eh bien, c'est à cet événement pourtant favorable à divers points de vue, qu'est due la perte de nos foires !

En effet, pour un motif ou pour un autre, la commune de Gibles a été pourvue d'une véritable gare, tandis que nous n'avons obtenu qu'une station.

Il n'en a pas fallu davantage — et cela se conçoit — pour que les foires de Gibles acquissent rapidement une réelle importance, surtout pour la vente des porcs.

Aussi, est-ce à partir de 1890-91-92, que nos foires ont commencé à décliner et sont devenues insensiblement ce qu'elles sont aujourd'hui.

Il est arrivé cependant, à quelques reprises, une petite recrudescence d'animation, mais qui, malheureusement, n'a pas eu de suite.

Tantôt les acquéreurs faisaient nettement défaut ; tantôt aussi, les vendeurs brillaient par leur absence.

Enfin, ce qui était prévu depuis 1889 arriva : nos quatre foires tombèrent !

Cette chute ne fut cependant pas complète, fort heureusement.

Les foires de Montmelard ne sont pas, le moins du monde, rayées des almanachs et des annuaires ; mais elles se sont transformées en simples marchés, du reste assez bien approvisionnés.

Selon la saison, on y trouve en plus ou moins grande quantité : du beurre, des œufs, des fromages, des poules, des oies, des canards, des dindes, des lapins, etc. ; le marché du 28 avril est renommé pour ses nombreux et excellents chevreaux dits *cabris*.

Et la preuve que ces divers produits sont abondants et de tout premier choix, c'est que nos marchés sont fréquentés par la plupart des coquetiers de la région.

Afin de les récompenser de leur amabilité et

de les encourager à nous demeurer fidèles, voici par ordre alphabétique leurs noms et domiciles respectifs : M. Batime, de Clermain ; Mme veuve Charvet, de Trambly ; M. Chervet, de Matour ; M. Galland, de Dompierre ; M. Mallein, de Trambly ; M. Thevenet, d'Ozolles, et enfin M. Pierre Vézant, de Montmelard.

Bien des gens seront peut-être surpris en apprenant que le montant des achats de chacun de nos marchés s'élève en moyenne à la somme de 4,500 francs environ. Et cependant, rien n'est plus exact que ce chiffre, car il m'a été fourni et pleinement justifié par des personnes on ne peut mieux renseignées.

Il ne me restera rien, je pense, à ajouter à ce chapitre, quand j'aurai exprimé le vœu ardent qu'une fée bienfaisante vienne au plus tôt frapper de sa baguette magique notre modeste station actuelle pour la transformer en une gare magnifique, au point de faire pâlir de malice ses deux puissantes voisines...

De ce jour-là, nos anciennes foires seront ressuscitées et nous reverrons, nous ou nos descendants, des jours semblables aux beaux jours d'autrefois !...

. . . .

Les Conscrits.

Voici les diverses manifestations auxquelles donne lieu la vie du conscrit :

1° C'est pour la foire de Montmelard, du 16 février, que les conscrits de la future classe manifestent pour la première fois leur existence. Et cela, par un banquet suivi d'un bal ; le tout agrémenté de chants et de gambades à travers le bourg et dans les cafés.

2° *Conseil de revision de la classe précédente* (autrefois du tirage au sort). — Ce jour-là, les mêmes jeunes conscrits viennent, dans la soirée, se joindre à leurs camarades qui ont passé le conseil de revision au cours de la matinée. Ils participent avec entrain aux joyeux ébats de leurs aînés. Ces derniers font les frais de leur réjouissance. Ils leur payent généreusement à boire.

Et c'est à cette occasion, qu'ils leur offrent gracieusement un énorme et excellent gâteau. C'est ce qu'on appelle *donner le croûton* (aimable coutume dont les bénéficiaires actuels feront profiter, à leur tour, les camarades de l'année suivante).

3° *Fête patronale*. — A la fête du mois de juin,

nos conscrits se réunissent à nouveau pour s'amuser de leur mieux. Il en était de même, il y a quelques années encore, pour la fête du 24 août (la Saint-Barthélemy), laquelle n'est plus célébrée.

4° *Conseil de revision de la classe en question.* — C'est actuellement le jour de la plus grande animation de la vie du conscrit.

Dès les sept heures du matin, les jeunes gens arrivent au bourg, chacun de leur côté, généralement accompagnés de leurs pères ou des représentants de ces derniers.

Le ou les musiciens jouent du piston ou battent du tambour; on chante, on rit, on s'amuse. On offre à M. le Maire, très souvent au local de la mairie, un magnifique bouquet tricolore ainsi qu'une belle écharpe de soie garnie de franges dorées.

Je n'exagère pas en affirmant que le maire de Montmelard est toujours l'un des mieux parés du canton.

Bientôt, tous les conscrits enrubannés et fleuris, maire et pères de familles, prennent le chemin du chef-lieu de canton où a lieu l'examen médical devant une commission composée de M. le Préfet ou de son délégué, d'un conseiller de préfecture, d'un officier général ou supérieur, d'un médecin major, d'un conseiller général, d'un conseiller d'arrondissement, du sous-intendant militaire et du commandant de recrutement.

Les maires des communes assistent également à la séance. Celle-ci terminée, et après une station plus ou moins longue dans les hôtels de Matour, les jeunes gens reprennent en chantant et musique en tête la direction de Montmelard.

(Les maires ou leurs délégués dînent en compagnie de la commission de revision.)

Tous les futurs soldats comme ceux qui ont été exemptés du service militaire paraissent gais et contents en arrivant au pays.

Là, après un ou deux tours de bourg, chacun vient prendre place à la longue table autour de laquelle se trouvent déjà réunis les parents des conscrits, M. le Maire et l'instituteur. Inutile de dire que le repas est d'une certaine durée et d'une grande gaîté.

Ainsi que je l'ai indiqué plus haut, c'est à ce moment que les jeunes gens de la classe suivante viennent chercher le *croûton*.

Un bal et des chansons de circonstance agrémentent une bonne partie de la nuit ; cela est permis et se comprend !...

5° L'existence du conscrit subit alors un certain temps d'arrêt ; elle ne se réveille que le dimanche qui précède le départ pour le régiment. C'est l'occasion encore d'un banquet et d'un bal. Et c'est à cette dernière réunion qu'on enrubanne et qu'on pend des bouteilles de vin au plafond de l'hôtel où a lieu le banquet.

Ces bouteilles seront dépendues et vidées au retour du régiment et ce sera naturellement l'occasion d'une petite fête.

Cette fois, la vie du conscrit, ainsi qu'elle vient d'être plus ou moins bien racontée, est nettement terminée. Tout prend fin : le bien comme le mal, les choses gaies comme les choses tristes.

Adieu les rubans et les cocardes, les bouquets et le beau drapeau tout frangé d'or ! Adieu les folles gambades et la remise du croûton ! Adieu pour toujours les joyeux vingt ans !...

Place aux plus jeunes : c'est une loi de nature éternelle et nécessaire !

26 juillet 1913.

NOTA. -- Les drapeaux des conscrits sont, le plus souvent, remis par eux à la Mairie, pour y être arborés les jours de fêtes nationales.

Eclipse de soleil du 17 avril 1912.

Copie corrigée du devoir d'un élève de l'école des garçons.

Aujourd'hui, 17 avril 1912, de 11 heures à 1 h. 45, a eu lieu une éclipse totale de soleil.

Nous avons raconté en détail, ce phénomène, dans un devoir de rédaction. En voici le résumé tel que je l'ai copié sur mon cahier d'agriculture:

1° De 8 h. 1/2 à 9 heures, notre maître nous a fait une leçon sur les diverses sortes d'éclipses.

2° Vers 11 heures, après avoir fait noircir des morceaux de verre sur une petite lampe à essence, nous avons observé le soleil jusqu'à 1 h. 1/2.

Le dîner ne nous a guère retardés, car tout en mangeant, nous n'avons pas cessé un seul instant de regarder à travers nos verres, que, de temps en temps, nous allions faire noircir.

De midi à midi 25, il faisait presque nuit dans notre classe où nous rentrions par moments. Il aurait été impossible d'écrire.

Sur la place, on voyait de grandes ombres, comme par un clair de lune. Les hirondelles et les autres oiseaux ne chantaient plus et rentraient dans leurs nids. Tout semblait triste et sombre. Nous avions mes camarades et moi, des mines pâles et un peu vertes ; les plus petits commençaient d'avoir peur. Enfin, le gai soleil reparut peu à peu sous sa forme ordinaire.

Voici les principales formes de l'éclipse, telles que le maître les a dessinées au tableau et telles aussi que je les ai vues moi-même :

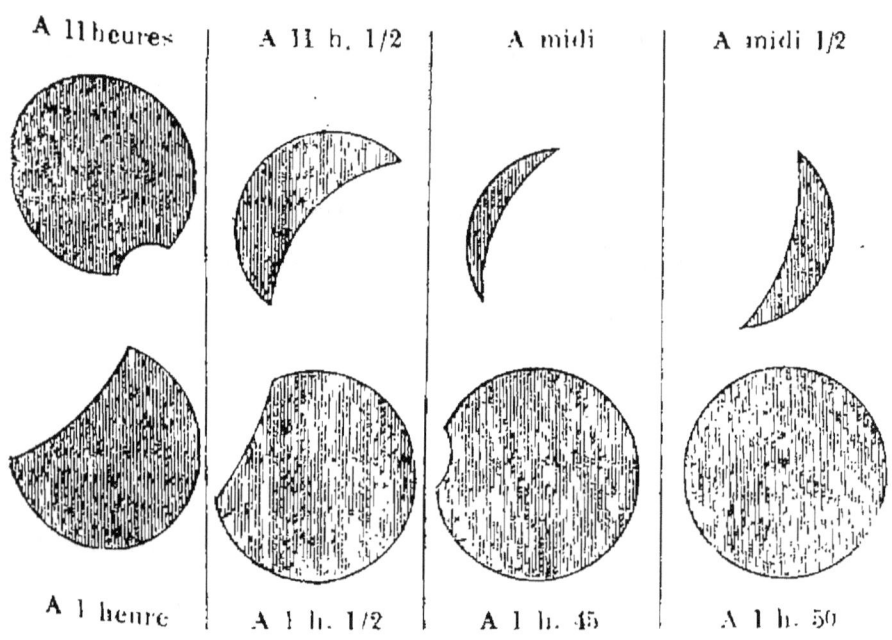

Fête patronale du 16 juin 1912.

La fête du pays a eu lieu le 16 juin, le jour même de la Saint-Cyr qui la donne. Elle ne peut donc pas avoir lieu plus tôt.

Il y a plusieurs années qu'elle n'avait pas été aussi animée.

On remarquait sur la place de l'église, un magnifique manège de chevaux de bois avec musique aux airs entraînants et variés ; un panorama renfermant une collection abondante de jolis points de vue (villes étrangères, volcans, cascades, batailles, incendies, exécutions de bandits fameux, etc.).

Il y avait aussi une grande installation de balançoires aux formes diverses.

Dans la rue du bourg, se trouvaient plusieurs étalages de jouets d'enfants, de bonbons et de vaisselle ; deux tirs à la carabine dont un mécanique tenu par un sieur André.

Il y avait enfin deux grands bals qui ont été remplis de monde jusqu'à minuit passé.

Vers les neuf heures du soir, les feux d'artifice dirigés par M. Antoine Vézant, maître d'hôtel au bourg, ont été bien réussis, malgré l'averse survenue à la tombée de la nuit.

Il y a longtemps qu'on n'avait pas vu autant d'étrangers à Montmelard.

En résumé, la fête a été de tous points très agréable. (J'ai passé volontairement sous silence, les visites des parents, les dîners de famille occasionnés par la dite fête, puisque ce sujet a été traité ailleurs.

Formalités et Coutumes
concernant le mariage.

Demande. — Quand un jeune homme a demandé, soit directement, soit indirectement la main d'une jeune fille et qu'il a été agréé, il invite les parents de cette dernière à venir rendre visite aux siens.

PREMIÈRE VISITE

Première visite. — On dîne, on cause de choses et autres et on visite la propriété. De là, l'expression « faire la visite » donnée à cette démarche préparatoire.

DEUXIÈME VISITE

Deuxième visite. — Quelques jours plus tard, les parents du garçon procèdent de la même façon, à l'égard de ceux de la jeune fille.

C'est au cours de cette seconde entrevue surtout que les pourparlers les plus importants sont tenus et que le mariage commence à prendre tournure. On y parle de la dot de la future, de son trousseau, de l'apport du jeune homme, de la

— 120 —

situation qu'auront l'un et l'autre, quand le mariage projeté sera réalisé ; on fixe enfin la date du jour des fiançailles, c'est-à-dire du jour où l'on passera le contrat de mariage.

LES FIANÇAILLES

Fiançailles. — Le contrat de mariage est un acte notarié que bien peu n'emploient pas dans nos pays ; il stipule les apports réciproques des parties contractantes.

Autrefois, les futurs fiancés, accompagnés de leurs pères et mères, et de quelques parents rapprochés, se rendaient à l'étude du notaire choisi par les deux familles. Cela se pratique encore. Mais, le plus souvent, on invite le notaire à venir à la maison, soit chez les parents de la future, soit chez ceux du futur.

LA POUDRE DU CONTRAT

Le contrat. — Dès que le notaire a fini de rédiger l'acte, il prend sa feuille de papier encore humide, l'enroule quelque peu et fait une collecte au profit de la nouvelle fiancée. Il reçoit gracieusement les pièces d'or et d'argent qu'on lui remet, car il prétend, selon une tradition locale fort ancienne, que cette poudre d'or et d'argent lui est absolument nécessaire pour sécher le contrat qu'il vient d'écrire.

L'offrande qu'on fait ainsi à la fiancée porte donc à juste titre le nom de *poudre du contrat*. Celui-ci terminé, tous les assistants, y compris le notaire, dînent ensemble à la maison familiale. Et, si la chose n'est déjà faite, c'est à ce moment qu'on arrête définitivement les dates du mariage civil et du mariage religieux, qu'on parle des invitations qu'on fera, etc.

LE PORTAGE DES FIANÇAILLES

C'est pendant la période qui sépare le jour du contrat de celui du mariage civil que les futurs époux, accompagnés d'une très proche parente, portent les fiançailles à leurs parents et amis et qu'ils font en même temps les invitations pour leur noce.

La fiancée offre des dragées et le fiancé une prise dans une coquette tabatière dont on lui a fait cadeau. Il est de convenance qu'on embrasse la fiancée en paiement des dragées qu'elle donne. A elle, ainsi qu'à son futur, on adresse les meilleurs souhaits. (A partir du jour du contrat.

celui des deux fiancés qui se retire, c'est-à-dire qui renonce au mariage, paye tous les frais qui ont été faits jusque-là. S'il y a retrait commun, les frais sont supportés par moitié.)

MARIAGE CIVIL.

Le mariage civil, ou communément le mariage au maire, a lieu ordinairement la veille ou l'avant-veille du mariage religieux ou mariage à l'église ; parfois, les deux formes de mariage ont lieu le même jour.

Il est célébré au siège de la Mairie, soit par le maire, soit, en l'absence de ce dernier, par l'adjoint ou un conseiller municipal, si le dit adjoint est à son tour absent ou empêché.

Mariage civil. — En présence des futurs, de leurs parents et de quatre témoins, M. le Maire ou son représentant donne lecture des articles du Code civil relatifs aux droits et aux devoirs des époux. Après quoi, il leur demande individuellement s'ils veulent se prendre pour mari et pour femme. Si chacun d'eux répond affirmativement (le contraire est une exception). M. le Maire prononce les paroles suivantes : « Au nom de la loi, vous êtes unis par le mariage. »

Le secrétaire fait immédiatement la lecture de l'acte et il invite à le signer, les nouveaux époux, leurs ascendants présents et les quatre témoins. M. le Maire appose à son tour sa signature au bas de l'acte et le mariage civil est accompli.

Aussitôt après, les mariés offrent aux assistants, l'un, une prise de tabac, l'autre, des dragées ; et, comme au temps des fiançailles, la mariée est embrassée par chacun, en récompense des dragées qu'elle présente. M. le Maire est gratifié d'une boîte entière : raison de plus pour lui de s'acquitter de sa dette envers la jeune mariée.

Cette distribution de dragées et de prises terminée et les souhaits de bonheur formulés, toute l'assistance se rend ensuite dans un cabaret voisin, pour boire quelques bouteilles à la santé des nouveaux époux.

Vient ensuite le mariage religieux.

MARIAGE A L'ÉGLISE

C'est, pour nos régions, le grand jour du mariage, le jour de la noce, le jour du grand festin.

Le matin de la cérémonie, le jeune homme se rend au domicile de son épouse, où l'on déjeune en compagnie de tous les invités : parents, filles et garçons d'honneur, amis. C'est là qu'a lieu le rassemblement général.

Le déjeuner terminé, le cortège se forme aussitôt pour se rendre à l'église.

En tête est la mariée donnant le bras à son père. Elle est généralement toute vêtue de blanc. Viennent ensuite les filles et garçons d'honneur, puis les autres couples d'invités. Tout à la fin, se trouve le marié avec sa belle-mère.

Arrivé à la porte de l'église, le cortège s'arrête.

Mariage à l'église. — On voit alors le père de la mariée quitter le bras de sa fille et céder sa place à son gendre qui s'est approché depuis quelques instants.

Ce simple acte de transmission m'a toujours vivement impressionné. Il m'a toujours apparu, non comme une banale modification du cortège de la noce, mais comme un symbole de la séparation d'une jeune fille de ceux qui lui ont donné le jour. J'ai toujours cru voir, avec des larmes dans les yeux, le pauvre père revenant se placer à la fin du cortège où préalablement, se trouvait le mari de sa fille.

Je n'entrerai pas dans tous les détails de la cérémonie religieuse (bénédiction des époux, offrande de l'anneau nuptial, etc.), afin de ne pas étendre démesurément cette relation déjà longue.

Après la messe, on se rend, aux sons de la musique (clarinette, violon, piston, vielle ou cornemuse), dans les divers cafés du bourg, où l'on séjourne en chantant et en dansant jusque vers les quatre ou cinq heures du soir.

LA NOCE

La noce. — On prend ensuite le chemin du domicile des parents du marié où un plantureux repas attend les convives. Il va de soi que ce repas, très long, est agrémenté de nombreuses chansons et qu'il est suivi d'un bal plein d'entrain où il est d'usage que le marié fasse danser toutes les dames et demoiselles de la noce.

Notons en passant, que si les jeunes mariés ont le droit de danser le jour même de leur noce, ils n'ont pas celui de chanter. Ce n'est que le lendemain, qu'ils recouvreront ce droit. Ils pourront alors chanter tout à leur aise.

Un peu avant le dessert, un chant connu sous

le titre de *Chanson des jeunes mariés* est dit en chœur par deux ou trois garçons ou demoiselles.

Après le septième couplet, on offre aux nouveaux époux, un morceau de gâteau. Après le huitième, on leur présente un bouquet. Et enfin, à la suite du neuvième, on leur donne une poupée à laquelle ils doivent faire le simulacre de donner à boire et à manger et tous leurs soins comme s'il s'agissait d'un jeune enfant. Ils montrent par leur savoir-faire, s'ils sont dignes d'être un jour de bons père et mère de famille.

Je passe sous silence (n'étant pas suffisamment documenté sur ce point) les diverses farces et amusements auxquels donne lieu la recherche des mariés et qui tendent d'ailleurs à devenir de plus en plus rares.

LE LENDEMAIN DE LA NOCE.

Lendemain. — « Il n'y a pas de fête sans lendemain. »

C'est en vertu de ce dicton, vieux comme le monde, que le jour qui suit une noce est en grande partie consacré aux mêmes distractions que celui de la veille.

Il est à remarquer, que dans le cortège des invités, les filles et les garçons d'honneur occupent les premiers rangs et les mariés, le dernier ; toutes les autres personnes conservent leurs places.

Vers la fin de cette deuxième journée de fête, le marié emmène chez lui sa jeune épouse et chacun rentre chez soi.

Et, ainsi que je l'ai dit plus haut, au sujet des conscrits, tout prend fin, même les plus beaux jours de noces !...

NOTA. — Voir ci-après la « *Chanson des jeunes mariés* ».

Chanson dite « des Jeunes Mariés »,

Chantée dans les noces de nos campagnes.

PREMIER COUPLET

Nous sommes venus ce soir, du fond de nos bocages,
Pour vous faire compliment de votre mariage.
 A Monsieur votre époux
 Aussi bien comme à vous. *bis.*

DEUXIÈME COUPLET

 Vous voilà donc liée,
 Madame la Mariée,
 Avec ce beau lien d'or
 Qui ne se délie qu'à la mort. *bis.*

TROISIÈME COUPLET

Avez-vous bien compris ce que vous a dit le prêtre ?
Il a dit la vérité de ce qu'il fallait être :
  Fidèle à son époux   } bis.
  Et l'aimer comme vous.

QUATRIÈME COUPLET

Quand on dit son époux, on dit souvent son maître.
Ils ne sont pas toujours doux comme ils ont promis
             [d'être.
  Car, doux, ils ont promis } bis.
  D'être toute leur vie.

CINQUIÈME COUPLET

Vous n'irez plus au bal, Madame la Mariée,
Car, en ce beau jour, l'amour vous a liée.
  Vous garderez la maison } bis.
  Pendant que les autres y iront.

SIXIÈME COUPLET

Si vous avez chez vous des bœufs, aussi des vaches,
Des moutons, des brebis ; du lait et du fromage
  Faudra, soir et matin, } bis.
  Veiller à tous ces trains.

SEPTIÈME COUPLET

Si vous avez chez vous, quelques gens à conduire,
Faudra veiller sur eux et bien souvent leur dire :
  Car un jour, devant Dieu, } bis.
  Vous répondrez pour eux.

HUITIÈME COUPLET

Recevez ce bouquet que ma main vous présente :
Il est fait de façon à vous le faire comprendre
  Car tous ces beaux honneurs   } *bis.*
  Passent tous comme des fleurs. }

NEUVIÈME COUPLET

Recevez ce gâteau que ma main vous présente :
Il est fait de façon à vous le faire comprendre
  Car, pour se bien nourrir,   } *bis.*
  Il faut travailler et souffrir. }

DIXIÈME COUPLET

Recevez cet enfant que ma main vous présente :
Il est fait de façon à vous le faire comprendre
  Car un jour venant   } *bis.*
  Vous en aurez tout autant. }

(Chanson communiquée par J.-Cl. Lambert.)

Les moissons et les battages.

(AUTREFOIS ET AUJOURD'HUI)

Voilà deux genres de travaux qui ont bien changé dans la façon de les exécuter, depuis une cinquantaine d'années.

Néanmoins, l'un et l'autre se pratiquent encore comme autrefois, dans certains cas.

C'est pourquoi les instruments dont nos aïeux se sont tant servis sont toujours utilisés par leurs descendants.

Commençons la description de ces travaux par les moissons.

Elles duraient environ quinze jours à trois semaines et souvent davantage, pour peu que l'on eût une culture d'une certaine étendue.

On coupait le blé (car nous passerons sous silence les autres céréales) avec le plus de soin possible, à l'aide d'un volant ou d'une faucille.

Ce dernier instrument différait du premier par sa lame qui, au lieu d'être unie, était formée de petites dents acérées comme celles d'une scie.

J'ai dit qu'on apportait beaucoup de soin au coupage du blé. Cela se comprend facilement. L'étendage des gerbes au seuil de la grange aurait été très difficile à faire si les épis avaient été ramassés en désordre.

Aussi, il fallait voir comme les *javelles* étaient correctement alignées et comme les gerbes étaient liées et paletées avec art.

Le travail de la moisson, quoique très dur, procurait, comme beaucoup d'autres, diverses occasions de s'égayer un peu.

Ainsi, chaque fois qu'on rencontrait une croix, celui devant lequel elle se trouvait placée était redevable à ses compagnons de labeur d'un litre de vin.

C'est pourquoi, en vue d'échapper à cette contribution, on voyait certains moissonneurs obliquer tout doucement de leur ligne naturelle pour ne pas se trouver en présence de l'objet, cause de leur amende.

La rencontre d'une croix donnait encore lieu à une autre distraction qui consistait à annoncer ou plutôt à crier à haute et forte voix les projets de mariages dont on avait connaissance. Ces projets étaient parfois dus à l'imagination des moissonneurs ; aussi, ils ne manquaient pas d'originalité. On unissait facilement et malicieusement un célibataire endurci avec une demoiselle encore toute jeune ou bien deux veufs qui depuis longtemps avaient renoncé à toute idée matrimoniale.

Bref, on avait pour but de s'amuser et de faire relâche un instant.

Des personnes dignes de foi m'ont raconté que malgré les fatigues de la journée, on voyait, au retour des champs, plusieurs groupes de moissonneurs se réunir, se prendre bras dessus, bras dessous, et chanter tous ensemble ces jolies chansons qu'on ne chante plus...

Il arrivait encore, m'a-t-on dit, qu'aux carrefours des chemins et avant de se séparer, jeunes et vieux dansaient gaiement au chant cadencé de l'un des membres de la troupe.

La fin des moissons était marquée par une fête spéciale appelée la *Revolle*. Elle consistait en un banquet plantureux où prenaient place non seulement les gens de la même maison, mais encore les voisins ou amis qui avaient donné un coup de main pour l'achèvement de la moisson. Ce gai repas, est-il besoin de le mentionner, était agrémenté de chansons et de danses.

— Aujourd'hui, on coupe le blé soit à l'aide d'une faux ordinaire pourvue d'un appareil en bois destiné à coucher les épis du même côté, soit au moyen de la faucheuse mécanique.

La moisson du blé n'est plus qu'une question de quelques jours, même sans l'usage de la moissonneuse mécanique.

Quant à la fête de la revolle, on la célèbre toujours à Montmelard, mais de moins en moins.

Il paraît que nos voisins de Matour ont conservé davantage cette antique tradition.

La revolle n'a presque rien perdu de son ancienne splendeur.

Et je trouve que nos braves Matourains ont mille fois raison de continuer de se réjouir honnêtement et gaiement, à l'occasion de la fin des moissons.

N'y a-t-il pas toujours assez de jours sombres et tristes où l'on n'est guère disposé à « faire la revolle » ?...

Sachons donc profiter des joies innocentes que notre condition nous permet. Ces joies contribueront, dans la mesure du possible, à calmer et à bercer nos petites misères comme elles ont calmé et bercé celles de nos vieux pères qui — souhaitons-le — dorment en paix leur dernier sommeil !...

Les battages.

Je laisserai de côté, le battage du sarrasin, de l'avoine, de l'orge, des colzas, de même que celui de la graine de trèfle ou de luzerne, pour ne m'occuper que du battage du blé. Ce dernier était, en effet, de beaucoup le plus important et le plus régulier.

L'instrument dont on se servait et dont on se sert encore, porte en français, le nom de fléau et, en patois, celui d'*écossou*, par analogie avec les termes écosser et écosseur qui s'emploient quand on parle des haricots et des pois. Il est composé de deux pièces de bois cylindriques de grosseur et de longueur inégales.

La plus courte se nomme verge et l'autre, hâte ou manche.

Elles sont reliées par une lanière de cuir appelée *entrelà*.

Le battage du blé avait lieu à deux époques différentes : au mois d'août et en hiver.

L'opération du mois d'août était de courte durée. Il s'agissait seulement de se procurer le grain nécessaire aux semailles d'automne.

Le battage d'hiver durait environ six semaines et souvent deux mois. Jusqu'à ce moment, les gerbes étaient conservées dans de grosses meules appelées gerbiers, qu'on plaçait dans les terres voisines des habitations et qu'on avait eu grand soin de garnir d'une forte couverture de paille et de genêts, afin de les protéger contre les intempéries.

Les journées d'hiver étant courtes, on les commençait de bon matin : un vieux travailleur m'a déclaré qu'il lui arrivait souvent de frapper à coups redoublés sur l'*ailloure*, quand sonnaient les cinq heures.

On désignait sous ce nom le lit de paille et d'épis qu'on étendait sur l'aire de la grange, pour le soumettre au battage.

Quatre bons ouvriers pouvaient battre environ cinq ailloures dans leur journée, à condition de la commencer avant cinq heures et de la finir à la nuit. On ne se servait généralement pas du petit *creusu*, le soir. On ne l'utilisait pour le battage, que le matin. C'est du moins ce qui m'a été dit.

Le bruit cadencé produit par quatre ou cinq batteurs bien accordés ne manquait pas d'un certain charme pour l'oreille, tant il est vrai que tous les travaux, même les plus pénibles et les plus modestes, comportent avec eux de l'agrément et du plaisir quand ils sont convenablement exécutés.

Lorsque l'ailloure qui contenait en moyenne 12 à 15 gerbes, était suffisamment battue d'un côté, il s'agissait de la tourner pour en faire autant sur la face opposée.

Mais, de nos batteurs, quel est celui qui s'emploierait à ce travail, car tous à la fois se seraient embarrassés ?

Eh bien, voici l'amusante coutume qu'on pratiquait alors pour décider du sort de cette *grave* question :

Les batteurs, chacun à leur tour, lançaient leur fléau avec le bout du pied, dans la direction de l'un des angles de la grange. Et celui dont le fléau en était le plus éloigné, avait la charge du *tournement* de l'ailloure. Pendant ce temps, ses camarades le regardaient paisiblement faire sa besogne.

Celle-ci achevée, et le second côté du blé battu, on enlevait la paille ; on la liait en fagots et on poussait le grain dans un coin de la grange ou dans une sorte de petite chambrette désignée en patois sous le nom de *taupire*, sans doute parce que les taupes ou plutôt les rats, trouvaient là un agréable domicile.

De la première ailloure, on passait à la deuxième et ainsi de suite.

A midi, il était d'usage de prendre, après le dîner, une demi-heure de repos.

Mais quelquefois, au lieu de consacrer ce temps précieux à un délassement bien justifié, il arrivait que les plus jeunes batteurs — comme aussi les plus vigoureux — profitaient de ce court loisir pour engager des luttes, mais des luttes toutes amicales, hâtons-nous de le dire.

A cette époque — et chaque temps a ses coutumes, — on aimait volontiers à se colleter, à s'empoigner.

C'était, beaucoup plus qu'aujourd'hui, une façon de s'amuser, de se divertir.

Cette habitude avait parfois ses dangers ; mais quel est l'amusement, quelle est la distraction qui ne présente pas ses petits et gros inconvénients ? Le tout est de ne rien pousser à l'excès et de rester gai et convenable en toutes circonstances.

C'est d'ailleurs ce qui se passait pour les luttes en question.

Un homme bien connu, puisqu'il a vu le jour en 1845 — et il espère le voir longtemps encore, — m'a raconté plaisamment l'une de ces luttes courtoises à laquelle il avait lui-même pris part.

Comme on va le voir, cette sorte de tournoi champêtre n'avait pas manqué d'animation, tant s'en faut.

D'un côté, se trouvait un homme de haute stature et doué d'une force peu commune. Il avait exactement 1 m. 79 cm., ainsi qu'en témoigne le registre des conscrits de la classe 1854.

De l'autre, on pouvait observer deux solides gaillards aussi : l'un était frère du premier combattant et le second était la personne dont j'ai parlé tout à l'heure et dont la taille mesure 1 m. 73.

La bataille fut ardente, tenace et digne de ces trois rudes champions. Aucun mauvais coup ne fut porté, comme c'était d'ailleurs l'usage en pareille circonstance.

Les assistants, charmés d'un tel déploiement de force et d'agilité, déclarèrent qu'il n'y avait ni vainqueurs ni vaincus.

Le vaillant lutteur qui avait à faire face à ses deux adversaires ne put être terrassé par eux, selon les règles alors admises. Et ceux-ci ne succombèrent pas non plus.

Encore une fois, il n'y eut ni victoire ni défaite.

Les blessures les plus cruelles furent supporlées par les gilets et les chemises des combattants. La plupart des boutons de ces vêtements avaient volé dans toutes les directions. On en ramassa un certain nombre au milieu des grains de blé.

Il paraît même qu'on en retrouva deux ou trois, quelques jours plus tard, dans les grilles du vannoir...

Inutile d'ajouter que l'aillourc sur laquelle s'était déroulé ce mémorable combat avait été passablement bouleversée et qu'il a fallu lui faire subir une forte retouche avant le recommencement du travail.

. . . .

Le battage du blé au fléau a été insensiblement et à peu près complètement remplacé par le battage mécanique.

La première batteuse mécanique qu'on ait vue à Montmelard, a fonctionné au hameau de Villars. C'était vers l'année 1860.

Au début, ces nouvelles machines étaient actionnées par une série d'engrenages que faisaient mouvoir des chevaux. Puis vinrent les batteuses à bras et enfin les batteuses mécaniques mues par la vapeur, c'est-à-dire celles que nous employons aujourd'hui.

Les battages actuels ont lieu pendant les mois d'août et de septembre.

Les cultivateurs qui n'ont pas pour occuper la machine un jour entier, et ils sont nombreux dans ce cas, se groupent avec leurs voisins pour rassembler le nombre des ouvriers nécessaires au bon fonctionnement du battage.

Pour que tous les postes soient pourvus, il faut environ 18 à 20 hommes ; chacun en fournit un nombre proportionné à sa quantité de gerbes et pourvoit à leur nourriture. Celle-ci est toujours abondante et variée. C'est parfois un véritable festin : viandes diverses, légumes, gâteau, vin à discrétion, rien n'y manque.

Les repas du soir sont en général d'une certaine durée, car, la journée étant finie, on a le loisir de rester plus longuement à table et de s'égayer en commun. Aussi, n'est-il pas rare d'y entendre de nombreuses chansons, surtout si les convives abondent un peu, ce qui arrive dans les exploitations de quelque importance.

Le battage à la machine est moins long que l'antique battage en grange ; mais il est plus pénible. La poussière épaisse qui se dégage à flots de tous côtés est surtout désagréable ; les hommes ressemblent presque à des ramoneurs.

C'est pour permettre à cette poussière de se dissiper quelque peu, que le mécanicien arrête sa machine toutes les heures et qu'il profite de cet arrêt pour en graisser les rouages.

C'est également pendant cette courte suspension (cinq à six minutes), que le maître ou la maîtresse de maison verse un bon *canon* de vin à chacun des travailleurs.

Cette distribution de liquide contribue aussi à favoriser la disparition de la poussière !...

Une bonne machine peut, si elle n'est pas déplacée trop souvent, battre environ 2,500 à 3,000 gerbes par jour. Cela change avec les 40 à 50 de jadis !

(4 décembre 1913.)

NOTA. — Un bon ouvrier gagnait, il y a une soixantaine d'années, en battant au fléau, 12 à 15 sous par jour, en hiver, et 25 à 30 en été.

Conte en français.

LES FÉES

FRANÇAIS

Il était une fois une veuve qui avait deux filles. L'aînée lui ressemblait si fort et d'humeur et de visage que quiconque la voyait, voyait sa mère.

Elles étaient toutes deux si désagréables et si orgueilleuses qu'on ne pouvait vivre avec elles.

La cadette, qui était le vrai portrait de son père, pour la douceur et l'honnêteté, était avec cela une des plus belles filles qu'on ait pu voir.

Comme on aime naturellement son semblable, cette mère était folle de sa fille aînée.

Et en même temps, elle avait une aversion effroyable pour la cadette.

Elle la faisait manger à la cuisine et travailler sans cesse.

Il fallait que cette pauvre enfant allât deux fois par jour puiser de l'eau à une grande demi-heure du logis et qu'elle en rapportât plein une grande cruche.

Un jour qu'elle était à cette fontaine, il vint à

Conte en patois.

LES FÉES

PATOIS

Yavo in cò enne veuve qu'avo deux feyes. La pu vieille la chimbo si bié d'humeur et de figure, que qui que la voyau, voyau sa mère.

Yétin t'lé deux si dévijères et si désagréabie, qu' nous n' poyo pas vivre ave zeux.

La pu dzeune qu'étot le vrai portrait d' so pére pla douceur é l'hnêt'té, éto d'av' çan enne des pu braves feyes qu' nou pouyot va.

Qu'ment nous inme d'habitude son pareil, chte mère étot folle de sa pu vieille feye.

Et en minme temps, elle avo in dégoût terribie pla pu dzeune.

Alle la fayo mandzi à la cuisine et travailli tot le temps. Y fallo que ste poure enfant alle deux cô pre dzo, tiré d'iau à enne grande demi eure d' la maison et qu'alle en rapporteusse enne grande crutse.

In dzo qu'alle étot à chte fontaine, vé veni vé li

elle une pauvre femme qui la pria de lui donner à boire : « Oui, ma bonne mère », dit cette belle fille. En rinçant sa cruche, elle puisa de l'eau au plus bel endroit de la fontaine et la lui présenta, soutenant toujours la cruche, afin qu'elle bût plus aisément.

La bonne femme ayant bu lui dit : « Vous êtes si belle, si bonne et si honnête, que je ne puis m'empêcher de vous faire un don. » (Car c'était une fée qui avait pris la forme d'une pauvre femme de village, pour voir jusqu'où irait l'honnêteté de cette jeune fille.)

« Je vous donne pour don, poursuivit la fée, qu'à chaque parole que vous direz, il vous sortira de la bouche, ou une fleur, ou une pierre précieuse. »

Lorsque cette belle fille arriva au logis, sa mère la gronda de revenir si tard de la fontaine.

« Je vous demande pardon, ma mère, dit cette pauvre fille, d'avoir tardé si longtemps. »

Et en disant ces mots, il lui sortit de la bouche deux roses, deux perles et deux diamants.

« Que vois-je là, dit sa mère tout étonnée ! Je crois qu'il lui sort de la bouche des perles et des diamants ! D'où vient cela, ma fille ? Ce fut la première fois qu'elle l'appela sa fille.

enne poure fenne qu' la pria d'li donner à bouère. « Oui, ma bonne mére » dit chte belle feye, en rinçant sa crutse. Alle tira d'iau au pu bel endre dla fontinne é li présenta sotenant toudzo la crutse pe qu'alle poye bié bouére à son aise. La bonne fenne ayant bié bu, li dié : « Vous êtes si brave, si bonne et si honnête, que dje ne pou pas m'empétssi de vous faire in cadeau. » (Pasque yétot enne fée qu'avo pris la forme d'enne poure fenne de village, pe va tan quequoi qu'érot l'honnêteté de chte dzeune feye.)

« Dze vous donne pe cadeau continuot la fée qu'à tsaque parole qu' vou diré y vous sortra dla boutse enne fleur ou bin enne piarre précieuse. »

Quand chte belle feye rariva à la maison, sa mére l'enrrédza de rveni si tard dla fontaine.

« Dze vous demande pardon, ma mére, dit chte poure feye d'ava tardé si longtemps. »

Et en dian chté mots, il la sortit dla boutse deux rouses, deux perles et deux djiamants.

« Quique dje vois là, dit sa mére, tote étonnée, dje craé qu'il li so dla boutse des perles et des djiamants. De quoi que vin senla, ma feye ?

Yétot le premi coup qu'alle l'appelo sa feye.

La pauvre enfant lui raconta naïvement tout ce qui lui était arrivé, non sans jeter une infinité de diamants.

— Vraiment, dit la mère, il faut que j'y envoie ma fille.

« Tenez, Fanchon, voyez ce qui sort de la bouche de votre sœur, quand elle parle ; ne seriez-vous pas bien aise d'avoir le même don ? Vous n'avez qu'à aller puiser de l'eau à la fontaine ; et quand une pauvre femme vous demandera à boire, lui en donner bien honnêtement.

— Il me ferait beau voir, dit la brutale, aller à la fontaine !

— Je veux que vous y alliez, reprit la mère, et tout à l'heure. »

Elle y alla, mais toujours en grondant.

Elle prit le plus beau flacon qui fut dans le logis.

Elle ne fut pas plus tôt arrivée à la fontaine qu'elle vit sortir du bois une dame magnifiquement vêtue qui vint lui demander à boire. C'était la même fée qui avait apparu à sa sœur, mais qui avait pris l'air et les habits d'une princesse pour voir jusqu'où irait la malhonnêteté de cette fille.

« Est-ce que je suis venue ici, dit cette brutale

La poure enfant li raconta to bonnement to squi l'étot arrivé tot en cratsant tot pien de djiamants.

« Vraiment, dit la mére, y faut que dzi envia ma feye. Teni, Fanchon rgardi squi sot de la boutse dvote su, quand alle cause ; vous sro ti pas bié aise d'ava le minme don ?

Vous n'é qu'à aller tiré d'iau à la fontinne ; et quand enne poure fenne vous demandera à bouére. l'en donner bié honnêtement.

— Bin dje voudrot bié me voi, dit la brutale, aller à la fontinne !

— Dje vous qu'on nialle, reprit la mére et tot tsuite. »

Alle yé tallé, mais toudje en grognant. Alle a pris le pu biau flacon d'ardzent qu'étot dans la maison. Et ne fut pas putot vé la fontinne, qu'alle a vu sorti du bo, enne dame qu'éto bié habelly qué veni la demander à bouére. Yétot la minme fée qu'avo apparu à sa su, mais qu'avo pris l'air et le beutin d'enne princesse pe va tant que quoi qu'érot la malhonnêteté de chte feye.

« Tsu ti veni là, dit chte fayouse d'embarras. pe vous donner à bouère ?

orgueilleuse, pour vous donner à boire ? Justement, j'ai apporté un flacon d'argent tout exprès pour donner à boire à madame ; j'en suis d'avis, buvez même si vous voulez, ajouta-t-elle d'un ton arrogant.

— Vous n'êtes guère honnête, dit la fée, sans se mettre en colère. Eh bien ! puisque vous êtes si peu obligeante, je vous donne pour don, qu'à chaque parole que vous direz, il vous sortira un serpent et un crapaud ».

D'abord que sa mère l'aperçut, elle lui cria :

« Eh bien ! ma fille — Eh bien, ma mère, lui répondit la brutale, en jetant deux vipères et deux crapauds. « Oh ciel ! s'écria la mère, que vois-je là ?...

C'est sa sœur qui en est la cause ; elle me la payera » Et aussitôt, elle courut pour la battre.

La pauvre enfant s'enfuit et alla se cacher dans la forêt prochaine.

Le fils du roi qui revenait de la chasse, la rencontra et la voyant si belle, lui demanda ce qu'elle faisait là, toute seule et pourquoi elle pleurait.

« Hélas ! monsieur, c'est ma mère qui m'a chassée du logis ! »

Just'ment, djé apporté un flacon d'ardzent tot exprès pe donner à bouère à madame ; dzan su d'avis, bevi minme s'vou vouli, qu'all di d'in ton arôgan.

— Vous zètes pas bié honnête, reprit la fée, sans se mettre en colère.

A bin, pusqu'ou zètes si pou oblidzante, dje vous donne pe don qu'à tsaque mot que vous direz, y vous sortra dla boutse in serpent a peu in crapô ».

Pa putôt qu'sa mère l'apressu, alle la tseufé.

« A bin, ma feye ? — A bin, ma mère, qua répondu la brutale, en cratsant deux vipères et deux crapô.

« Oh! bouloup, heurla la mère, qui que dze vois là ? Yé sa su quen né la cause ; a mi payera ». Et tot tsuite, alle corit pla battre.

La pourre enfant partit et alla se sauver dans le bos à côté.

Le guéçon du roi, que rvunot de la tseisse, la troua et la voyant si brave, li demandi qui qu'alle fayot dréla tote soule et qui quela fayot pieurer.

« Halla, monsieur, yé ma mère quma tsessi dla maison ».

Le fils du roi qui vit sortir de sa bouche, cinq ou six perles et autant de diamants, la pria de lui dire d'où cela lui venait.

Elle lui raconta toute son aventure.

Le fils du roi en devint épris et considérant qu'un tel don valait mieux que tout ce qu'on pouvait donner en mariage à une autre, l'emmena au palais du roi, son père, où il l'épousa.

Pour sa sœur, elle se fit tant haïr que sa propre mère la chassa de chez elle, et la malheureuse, après avoir bien couru sans trouver personne qui voulût la recevoir, alla mourir au coin d'un bois.

. . . .

NOTA. — Dans le but de fixer le patois de notre pays et de notre temps, j'ai pensé qu'il serait bon d'intercaler dans les pages de ce livre un récit attrayant renfermant à la fois le patois et le français. A cet effet, j'ai prié M. J.-Claude Lambert, cultivateur à Nurux, de vouloir bien se charger de ce travail. C'est ce qu'il a fait avec amabilité et talent. Qu'il reçoive ici mes plus vifs remercîments.

Le conte ci-dessus est extrait d'un livre intitulé : *Contes des fées*, par Ch. PERRAULT.

Le guéçon du roi quavot vu sorti de sa boutse, cin ou six perles à peu autant de diamants, la pria dli dère quoi que sen la venot.

Elle li raconta tote son aventure.

Le guéçon du roi en é veni son galant ; et comprenan qu'in don cmensant valo meu que tot cque nous pouyot donner en mariage à nène autre, la nenmena au tsatiau du roi, son père ; à peu ô se maria dav'li.

Pe sa su, a se fit tant vola mau, qussa prope mère la tséssi dvéli, et la malreuse après ava bié cori sans troué personne quvoulo la reeva, alla meuri au car d'in bo.

Les Vendanges

De temps immémorial, les gens de notre commune, comme ceux d'ailleurs de toute la région, vont faire les vendanges dans les pays plus favorisés que le nôtre, sous le rapport de la culture de la vigne.

Le départ a lieu du 8 au 15 septembre environ, selon que la récolte est plus ou moins hâtive ou tardive.

Les vendangeurs sont groupés par troupes ou bandes de 15 à 20 personnes comprenant des hommes, des femmes et des enfants.

Montmelard fournit annuellement une douzaine de troupes. Chacune d'elles est organisée et dirigée par un chef porteur. Ce dernier s'adjoint tout d'abord un second porteur, puis un troisième auquel on donne en patois le nom de *jarloti*.

Tandis que les deux premiers transportent et manipulent les grosses bennes de raisins le jarloti, lui, s'occupe de débarrasser les vendangeurs du contenu de leurs récipients (baquets, seaux, jattes et paniers). Tous trois gagnent deux fois plus que les simples vendangeurs. Leurs salaires sont, comme on dit, doublés.

C'est le chef de la troupe qui est responsable du travail de cette dernière. S'il est à l'honneur, il est aussi à la peine. C'est à lui que les vignerons écrivent préalablement, pour fixer le jour du départ. Il devra alors prévenir et rassembler son monde pour l'heure convenue. C'est à lui que les parents recommandent leurs enfants, quand ils ne les accompagnent pas eux-mêmes.

Une fois arrivé à destination, c'est encore lui qui doit se rendre auprès des divers patrons où sa troupe sera occupée. Chaque matin, il ira, si cela est nécessaire, s'enquérir sur la place du pays, du prix de la journée de travail. C'est à lui que les patrons remettent l'argent des vendangeurs. Il en fera ensuite la répartition, soit en cours de route pour le pays, soit le dimanche après la rentrée.

Les porteurs couchent sur la paille avec leur monde; mais ils dînent à la table des maîtres chez lesquels on travaille. Généralement, vendangeurs et porteurs sont très bien nourris. Seul, le coucher laisse à désirer ; mais ce n'est qu'une affaire de deux ou trois jours pour s'y habituer. Et puis, chacun se rend compte qu'il ne serait guère facile aux vignerons de procurer des lits à tous les vendangeurs.

D'ailleurs, le séjour au pays vignoble, qui est d'ordinaire de deux à trois semaines, ne manque pas de gaîté. Le travail en lui-même s'il est parfois pénible et désagréable par les temps froids et pluvieux, se fait très souvent au milieu des chants et des rires. Chaque soir, des bals animés ne semblent pas indiquer que la besogne ait été trop accablante.

Il est vrai que la jeunesse est infatigable quand il s'agit de distractions. Au surplus, ce côté joyeux des vendanges est un peu le motif qui entraîne beaucoup de personnes à quitter momentanément leurs occupations courantes.

Reconnaissons aussi que le gain réalisé (40 à 60 francs), n'est pas non plus à dédaigner.

Les vendangeurs de Montmelard se rendent pour la plupart dans la région beaujolaise. Ils bénéficient d'un transport à prix réduit, à la suite d'une demande faite à la Compagnie du chemin de fer, par les viticulteurs.

Ils s'embarquent soit à Montmelard, soit à Dompierre et descendent généralement aux gares de Belleville, de Saint-Georges, de Cercié ou de Romanèche. Les localités où ils travaillent le plus souvent sont les suivantes : Belleville, Saint-Georges, Saint-Lager, Saint-Vincent, Saint-Etienne-en-Beaujolais, Villié-Morgon, Saint-Joseph, Lantigné, Quincié, Cercié et Fleurie.

Quelques personnes isolées ou par groupes de trois ou quatre au plus, vont parfois dans le Mâconnais, faire les vendanges. Elles se rendent plus particulièrement à Berzè-la-Ville, à Berzé-le Châtel, à La Roche-Vineuse, à Pierreclos, à Bussières, à Prissé et à Davayé.

Une petite coutume à noter avant de terminer ce récit : Au retour des vendanges, les porteurs réunissent leurs troupes, un dimanche matin, après la messe, dans un des cabarets du bourg, et leur offrent un petit casse-croûte. On parle gaîment des menus faits de la campagne que l'on vient de faire ensemble et on se donne rendez-vous à l'année suivante.

22 octobre 1913.

Les veillées d'hiver il y a cinquante ans

En hiver, dès que le repas du soir avait pris fin, c'est-à-dire, vers les quatre heures et demie, cinq heures, on se rendait à l'étable des vaches et des bœufs pour y passer la veillée jusqu'à onze heures et même minuit.

Dans chaque hameau, et dans une écurie un peu plus vaste que les autres, avait lieu tout particulièrement une grande veillée.

Il n'était pas rare d'y compter dix à quinze personnes et quelquefois davantage.

On se logeait un peu comme on pouvait. Les femmes se plaçaient derrière le bétail, sur un seuil formé d'argile battue ou de grosses pierres unies. Les sièges sur lesquels elles étaient assises, étaient des sortes de petits bancs à trois pieds qu'on nommait et qu'on nomme encore des *selles*.

Elles entouraient une petite lampe à creuset garnie d'une mèche en coton et d'huile de colza.

C'est une de ces lampes antiques appelées *calel*, dans certaines parties de la France, qu'on a offerte en cadeau à Mme Poincaré, lors d'un récent voyage dans le midi, de son éminent mari, notre Président de la République actuel.

Et, c'est à la faible clarté de ce petit *creusu*,

ainsi désigné dans nos pays, que les ménagères et leurs filles tricotaient, cousaient et filaient la laine ou le chanvre, à l'aide de la quenouille ou du fuseau.

Les hommes se plaçaient soit à proximité de la lampe, si l'espace le permettait, soit sur les rebords des crèches, entre les bonnes bêtes qui ruminaient paisiblement leur dernier repas.

Leurs occupations consistaient dans le teillage du chanvre récolté dans la propriété.

Vers les sept ou huit heures, surtout les veilles des fêtes ou des dimanches, l'assemblée s'augmentait subitement par l'arrivée joyeuse de quelques jeunes garçons du voisinage ou parfois même d'un hameau très éloigné.

La veillée prenait alors un caractère plus animé et plus gai.

Au lieu des contes et récits souvent effrayants, où il était question des revenants du pont du Thelly ou de Pierre Tagnière, ou encore de ceux non moins redoutables de la Chure, on chantait ces belles et naïves chansons au ton plaintif et si doux qu'on a le grave tort de remplacer par les échos grivois des cafés-concerts de troisième ordre.

Demandez d'ailleurs à P. Ch (1853), à J.-L. A. (1854), à J.-C. L. (1854) et à J. N. (1863), de vous chanter, de leurs voix bien timbrées, quelques-unes des jolies chansons de leur abondant répertoire.

Je ne résiste pas au plaisir d'introduire dans mon rustique travail quelques broutilles prises au hasard, parmi ces chants vénérés du passé.

PREMIER EXTRAIT

En mil huit cent cinquante,
Je me suis engagé,
Ma charmante blonde,
Il faudra nous quitter...

Et l'on reprenait, avec une légère variante dans l'air de la chanson :

En mil huit cent cinquante,
Je me suis engagé,
Ma charmante blonde,
Il faudra nous quitter.

DEUXIÈME EXTRAIT

De tant loin l'a vu venir,
Qu'apportes-tu, mon cher...e ?
— Des beaux rubans
Garnis d'or et d'argent ;
Belle si tu m'aimais,
Je te les donnerais.

De tous les beaux rubans
Je ne m'en soucie guère ;
J'aimerais bien mieux
Ta figure à mes yeux,
Que de te voir partir.
Adieu ! mon cher amant !...

TROISIÈME EXTRAIT

Il s'agit d'une complainte populaire à laquelle avait donné lieu un crime commis dans la région (non à Montmelard) et dont les anciennes personnes ont souvent entendu parler, au cours des veillées d'hiver.

Voici le premier couplet de cette complainte dont l'air est naturellement un peu triste, mais néanmoins très beau. (Ne faut-il pas d'ailleurs des chants pour bercer notre misère humaine aussi bien que pour célébrer nos joies.)

Habitants de tout âge,
A l'heure du repos,
En attendant l'ouvrage,
Ecoutez quelques mots
D'un brave militaire.
Revenant de la guerre,
Avec la croix d'honneur,
Avec la croix d'honneur !

QUATRIÈME EXTRAIT

Quand tu seras au Régiment,
Tu m'écriras de temps en temps :
Donne-moi de tes nouvelles,
  Belle, adieu donc,
  Belle, adieu donc !
Donne-moi de tes nouvelles,
  Ma belle Madelon !...

CINQUIÈME EXTRAIT

Fauvette, chante-lui
Ta dernière chanson.
Fauvette, chante-lui
Ta dernière chanson !

(Ce n'est qu'une partie du refrain d'un joli chant patriotique moins ancien que les précédents et par conséquent très connu.)

. . . .

Voici enfin, pour terminer, le commencement d'une chanson qui ne date pas des dernières neiges et qui montre plaisamment que nos devanciers menaient rondement leurs affaires.

> J'ai fait une maîtresse,
> Trois jours, il n'y a pas longtemps :
> Je l'irai voir dimanche,
> Lundi, sans plus attendre ;
> Mardi, sans plus tarder,
> Je la ferai demander...

Si la réponse au jeune prétendant a été aussi prompte que sa demande, on peut dire que le mariage n'a pas dû s'éterniser en longs pourparlers. Mais je m'aperçois que je viens de parler de *jeune prétendant*. Il ne l'était peut-être plus : c'est pourquoi il était si pressé dans son entreprise.

. . . .

Il ne faut pas rechercher trop minutieusement si la rime de nos chansons est plus ou moins riche ou plus ou moins pauvre. Tantôt elle existe nettement ; tantôt elle est remplacée par une simple assonance charmant l'oreille de son mieux.

Bien souvent, il ne s'agit que d'une prose cadencée comme dans la plupart des chants et hymnes primitifs.

Je dis cela pour les personnes un peu strictes qui seraient susceptibles de porter un jugement trop sévère sur notre poésie montagnarde.

Et, afin qu'elles en aient une idée réelle autant que flatteuse, je les invite par avance à venir entendre les quatre bons chanteurs dont j'ai pris tout à l'heure la liberté d'indiquer les initiales et les dates de naissance, à condition toutefois que ces messieurs soient encore de ce monde.

Dans le cas contraire, les dites personnes demanderont d'autres adresses. J'espère qu'il sera possible de leur donner toute satisfaction.

Pour mon compte, je m'estimerai très heureux si, en rappelant au souvenir les chants de nos ancêtres, j'ai pu remuer plus spécialement le cœur de ceux qui ont vu le jour entre 1830 et 1870.

Je serais même déçu dans mon espoir et un peu blessé dans mon amour-propre de chroniqueur, si je n'avais pas réussi à faire échapper, par-ci, par-là, quelques larmes mal attachées...

— Nous voilà passablement éloignés de notre route : aussi, hâtons-nous d'y revenir et, sans plus tarder, comme dit notre dernière chanson, reprenons le récit des veillées d'hiver.

Les jeunes gens, ai-je dit, y apportaient la

note joyeuse et animée. Ils y apportaient encore — et cela n'a rien qui surprenne — la note galante.

Et voici comment :

On les voyait bien gentiment s'approcher des jeunes fileuses et couseuses et faire preuve de haute prévenance, en ramassant tantôt la coche d'un fuseau qui s'était permise de rouler à terre, tantôt le fuseau lui-même, tantôt enfin un peloton de fil ou de laine. Il y en a, dit-on, qui poussaient même la galanterie et la complaisance jusqu'à faciliter à ces divers objets une chute répétée, afin d'avoir le plaisir de les remettre à leurs destinatrices.

Dépêchons-nous de dire, pour que les *jeunes* d'aujourd'hui ne se trouvent pas trop inférieurs à leurs aînés, que l'excès d'amabilité de ces derniers était un peu et même beaucoup intéressé. Et voici de quelle façon :

Chaque fois qu'un garçon ramassait un fuseau ou un autre objet du même genre, il exigeait que la jeune fille à laquelle appartenait l'objet l'embrassât en récompense du petit service rendu.

Les fileuses ou les tricoteuses étaient bien obligées de payer leur dette, si elles voulaient continuer leur besogne. C'est ce que la plupart, du reste, faisaient d'assez bonne grâce, surtout si l'obligeant ramasseur leur plaisait tout particulièrement.

A la fin de la soirée, il arrivait parfois que la maîtresse de maison apportait un panier de pommes et faisait une généreuse distribution à tous les assistants.

Telles étaient, à quelques détails près, ces grandes veillées d'hiver, il y a quarante ou cinquante ans.

Elles reflètent, comme on le voit, la bonne et franche gaieté de nos aïeux, leur esprit de fraternelle amitié, leurs mœurs simples mais honnêtes.

Nous ne sommes, en réalité, ni plus mauvais, ni meilleurs qu'eux ; mais nos habitudes ont changé avec les temps nouveaux.

On ne voit plus de ces grosses veillées d'autrefois. On veille toujours, mais dans les maisons et beaucoup moins longtemps, et surtout en compagnie plus restreinte. On reste davantage chez soi.

Nous sommes devenus, non pas plus sérieux, dans le sens ordinaire du mot, mais plus soucieux et un peu plus fiers aussi.

Nous sommes, à coup sûr, moins joyeux, moins gais.

Malgré les progrès de toutes sortes, en alimentation, en vêture, en instruction ; malgré les chemins de fer, les automobiles et les aéroplanes, il faut bien l'avouer, nous savons moins de chansons et, par conséquent, nous chantons beaucoup moins que nos grands-pères et que nos grand'mères !...

4 novembre 1913.

Saint-Cyr et La Tour-Loison.

Au sommet de la montagne de Saint-Cyr ou montagne de Crozan, existait encore, il y a quatre siècles à peine, un important monastère de Bénédictins, ordre religieux fondé en 529 par un prêtre italien, saint Benoît.

La trace des murs du bâtiment devient de jour en jour moins facile à apercevoir, mais le cimetière du couvent se distingue toujours nettement sur un petit plateau rectangulaire, moins boisé que les alentours.

Le puits qui abreuvait les moines a été entièrement comblé, il n'y a guère qu'une soixantaine d'années, pour éviter les chutes des bergers et de leurs troupeaux.

Le point culminant de la montagne a 775 mètres au-dessus du niveau de la mer ; il se trouve situé sur la ligne de séparation des eaux de l'Océan Atlantique de celles de la Méditerranée.

Saint-Cyr fait partie de la chaîne des Cévennes septentrionales, plus spécialement désignée sous le nom de monts du Charollais.

La grande croix près de laquelle on aperçoit distinctement, quand le ciel est pur, le mont Blanc, la Saône et une foule d'autres lieux a été placée en 1880. Elle mesure sept mètres de hauteur. C'est le sieur Jean-Marie Terrier, maître charpentier au bourg de Montmelard, qui la fabriqua et la scella ensuite avec l'aide de Jean Guillien, maçon au même lieu. Elle fut montée du bourg au sommet de la montagne, avec un attelage de six bœufs, par le nommé Jean Balligand, fermier à Nurux.

En suivant l'un des deux chemins principaux qui se dirige sur le hameau de Longuebise, on remarque sur la gauche, à environ une centaine de mètres du dit chemin, un monticule rocheux entouré d'un bois d'assez belle venue.

C'est sur cette élévation formant un étroit plateau que M. le docteur Loison, demeurant actuellement à Lyon, mais originaire de Montmelard où habite une grande partie de sa famille, a fait élever, en 1911, une tour carrée de 5 mètres de hauteur.

Du haut de l'édifice, terminé par des murs crénelés, comme ceux des anciens châteaux, on jouit d'une vue magnifique, surtout si on a eu le soin de se munir d'une lunette d'approche.

Si on n'aperçoit pas le mont Blanc ni la Saône comme à la Croix de Saint-Cyr, on découvre néanmoins une immense étendue de pays, de quoi satisfaire pleinement les amateurs de jolis et lointains horizons.

C'est ainsi qu'on distingue très bien, par une belle journée d'août ou de septembre, non seulement les alentours immédiats tels que le bourg, la gare, les vallées de Nurux, de Vigousset et des Combes, l'étang des Clefs, Gibles, etc., mais encore des régions plus éloignées comme Suin, Beaubery, la gare de Saint-Bonnet-de-Joux, Ozolles, Vendenesse, Charolles, Colombier-en-Brionnais, Bois-Sainte-Marie, La Clayette, Saint-Racho, les montagnes de Dun-le-Roi et Dunet (732 m. et 708 m.), Saint-Clément-de-Vers, le pic de Saint-Rigaud (1013 m.), où la Grosne prend sa source, et tout au loin, dans la direction du sud-ouest, les montagnes du Forez et de l'Auvergne qui, lorsqu'on les voit blanchir, nous font dire que la neige n'est pas loin de nous rendre sa première et prochaine visite.

Les deux points de vue que je viens de citer sont, pendant tout le cours de l'été, et particulièrement pendant les mois d'août et de septembre, le but d'excursions champêtres qui deviennent, d'année en année, de plus en plus nombreuses.

Il paraît charitable de prévenir les nouveaux

touristes et même les anciens qui en ont fait la remarque, qu'ils n'y trouveront toujours -- du moins pour cette année et probablement pour l'année prochaine encore, — aucun hôtel ni aucun chalet pour se restaurer ou se rafraîchir. A eux de prendre sagement leurs précautions. Ils n'en auront que plus de mérite et de satisfaction, une fois leur promenade terminée. Je suis certain qu'ils ne regretteront pas leurs peines, malgré le petit inconvénient signalé.

Et d'ailleurs qui sait, avec le temps, si cette lacune ne sera pas comblée, de même que l'a été le puits des moines de Crozan ?...

Ou plutôt le puits en question sera peut-être remis en bon état, en attendant la construction d'un chalet ou d'un restaurant ?...

22 novembre 1913.

L'Année 1709.

Un des plus anciens habitants de Montmelard m'a dit avoir souvent entendu parler à sa grand'mère de la terrible année 1709 et des ravages de toutes sortes qu'elle avait occasionnés : maladies, famine, mort, etc.

L'aïeule en question pouvait fort bien avoir eu connaissance de ces faits, non directement, mais par le récit qu'avaient pu lui en faire ses ascendants personnels. Une année aussi néfaste a certainement dû laisser pendant longtemps de tristes souvenirs dans la mémoire du peuple.

D'ailleurs, les nombreux ouvrages d'histoire contiennent tous, à ce sujet, des relations plus ou moins détaillées.

L'hiver de 1708-1709 fut des plus rigoureux et sa durée fut excessive ; la gelée fit périr les blés, les vignes, les arbres fruitiers et jusqu'à des chênes ; le Rhône même, malgré son cours rapide, avait gelé.

Les hôpitaux étaient encombrés au point de refuser journellement des malades ; beaucoup de ces derniers succombaient de froid et de faim, car la famine n'avait pas tardé à se faire sentir cruellement.

On trouvait à chaque instant de pauvres gens étendus sans vie, dans les granges où ils avaient pu se réfugier, dans les bois, dans les champs, etc.; la plupart de ces malheureux étaient morts de faim, car ils avaient la bouche pleine de feuilles à demi-mâchées.

La pomme de terre n'était pas encore cultivée en France ; aussi, on en était réduit à faire un mauvais pain avec du chiendent et de la fougère; on pilait, on rongeait les os et l'écorce des arbres ; on dévorait, c'est le cas de le dire, tout ce qu'on pouvait.

Les routes étaient infestées de sinistres rôdeurs que la misère poussait facilement au crime !

Je n'ai trouvé, dans les Archives communales, aucune mention spéciale sur les désastres qu'on vient de lire. Et cependant, notre pays dut subir, en plus du froid et de la famine, une terrible épidémie.

A défaut de documents particuliers sur ce point, j'ai compulsé de mon mieux, les registres d'état civil de l'époque et j'ai constaté, pour l'année 1709, une augmentation vraiment extraordinaire dans la mortalité des habitants.

Ainsi, au lieu d'avoir, comme pour les années précédentes, une vingtaine de décès environ, il y en eut *soixante-quinze*, ce qui faisait en moyenne plus de six par mois !

Les lecteurs apprécieront davantage encore l'énormité du chiffre sus indiqué en examinant par comparaison, le tableau suivant qui constituera, en outre, un petit point historique concernant notre pays.

Année 1705.

Naissances : 22 ; Décès : 16 ; Mariages : 8.

Année 1706.

Naissances : 32 ; Décès : 28 ; Mariages : 5.

Année 1707.

Naissances : 26 ; Décès : 11 ; Mariages : 4.

Année 1708.

Naissances : 20 ; Décès : 21 ; Mariages : 5.

Année 1709 (l'année terrible).

Naissances : 12 ; Décès : 75 ; Mariages : 4.

Année 1710.

Naissances : 12 ; Décès : 16 ; Mariages : 8.

Année 1711.

Naissances : 14 ; Décès : 15 ; Mariages : 5.

Année 1712.

Naissances : 18 ; Décès : 10 ; Mariages : 7.

DÉCÈS DE L'ANNÉE 1709

A titre documentaire, voici les noms et prénoms des personnes qui sont mortes au cours de cette année. On verra aussi les dates des décès.

Beaucoup de noms semblables existent toujours dans notre commune ; mais plusieurs ont complètement disparu.

Outre les noms et prénoms, j'aurais voulu inscrire les âges, afin de montrer où la mortalité s'était particulièrement abattue ; mais je n'ai pu le faire, car cette mention de l'âge des décédés n'existe que rarement dans les actes de l'époque.

Ceci dit, voici la longue et triste liste en question :

Pierre Dumont, 1er janvier ; Barthélemy Toussaint, 20 février ; Jean Petit, 2 mars ; Claude Gelin, 10 mars ; Pierrette Bonnetain, 13 mars ; Jacqueline Gâteau, 16 mars ; un passant inconnu, 16 mars ; François Delaronze, 60 ans,

20 mars; Antoine Gâteau, valet du curé, 22 mars; Claudine Lorton, 23 mars; Catherine Delaronze, 24 mars ; Huguette Desmurs, 26 mars ; Pierre Jandau, 27 mars, un mois ; Claude Jandau, 7 avril ; Nicolas Jandel, 11 avril ; Claude Dauvergne, 13 avril ; Philibert Chanut, 15 avril ; François Grandjean, 20 avril; Etienne Narboux, 1er mai ; Antoinette Delaronze, 6 mai ; un passant inconnu, 6 mai ; Claude Desbois, 8 mai ; Claude Delabrosse, 9 mai. 6 ans ; Benoîte Jandel, 10 mai, 2 mois ; Catherine Delabrosse, 12 mai. 3 ans ; Marie Jandau, 8 mai ; Claude Lapallus, dit la Puce, 20 mai; Philippe Lapallus, 23 mai ; Georges Dussauge, 28 mai ; Philibert Jandau, 4 juin ; Adèle Audet, 4 juin ; Claudine Gâteau, 8 juin ; Pierre Gâteau, frère de Claudine, 8 juin ; Henri Sivignon, 11 juin ; Pierrette Narboux, 14 juin, 8 ans; Nicolle Jandau, 17 juin, 13 ans ; Nicolas Desmurs, 19 juin, 9 mois ; Benoîte Ramier, 19 juin. 20 mois ; Claude Malatier, 22 juin, 8 ans; Claudine Delabrosse, 26 juin; veuve Clément Malatier, 27 juin ; Philiberte Desbois, 2 juillet ; Philiberte Debaron, 6 juillet ; Claudine Brelière, 12 juillet; Benoîte Delapallus, 14 juillet, 70 ans ; Benoîte Jandau, 20 juillet ; Claude Desbois, 18 juillet, 9 ans ; Germain

Gonon, 23 juillet; Marie Sanlaville, 6 septembre; Claude Tiollet, 9 septembre ; Claudine Marin, 14 septembre ; Claudine Deschavanne, 19 septembre ; Claude Desbois, 24 septembre ; Jeanne Chanut, 24 septembre ; Benoîte Chaudet, 28 septembre ; un passant inconnu, 4 octobre ; Gabrielle Bertaire, 7 octobre ; Pierre Chapuis, 16 octobre ; Marie Catherin ; 19 octobre ; Anne Delagoutte, 20 octobre ; Jean-Claude Dupuis, 23 octobre. 13 ans ; Jean Bodet, 2 novembre ; Françoise Desperrier, 3 novembre, 8 ans ; Nicolas Delaronze, 13 novembre ; Jeanne Augoyard, 14 novembre, 15 ans ; La Cresse-Collas, 14 novembre ; Antoinette Rambuteau, 16 novembre ; Claudine Lorton, 18 novembre ; Claire Vauzelle, 24 novembre ; Claude Sivignon, 3 décembre ; Benoît Petit, 8 décembre ; Alexandre Lacoque, 8 décembre ; Barthélemy Guittal, 12 décembre ; Jean Chaudet, 26 décembre ; Rathoire Lapalus, 30 décembre ; Suzanne Canard, 21 décembre.

Il y eut cinq décès dans le mois de janvier 1710 ; ensuite, la mortalité redevient normale.

NOTA. — Sur les 75 personnes décédées en 1709, il y en eut 39 du sexe masculin et 36 du sexe féminin.

Conseil de revision du canton de Matour.

28 AOUT 1913 — CLASSE 1913

La loi de 1905 sur le recrutement de l'armée avait fixé le service militaire à deux ans de présence sous les drapeaux. Par suite de circonstances que je n'ai pas à traiter ici, cette loi vient d'être modifiée ou mieux remplacée par la loi actuelle, votée définitivement par le Sénat, à la date du 7 août 1913.

Les deux dispositions les plus importantes sont les suivantes : augmentation d'une année de présence au régiment et départ de la classe à vingt ans au lieu de vingt et un.

Et c'est en conséquence du vote tout récent de cette loi ainsi que de son application immédiate, que les opérations du conseil de revision ont eu lieu exceptionnellement à la date sus-indiquée.

(Il faut dire, avant de commencer ce récit, que c'est par le canton de Matour que la commission de revision a débuté cette année dans son itinéraire départemental.)

Matour, huit heures du matin.

Il fait un temps superbe. Le soleil inonde de

ses chauds rayons les rues et la place du chef-lieu de canton. Une grande animation règne partout.

Indépendamment de l'agitation que commence à donner l'arrivée prochaine des conscrits, le marché habituel du jeudi bat son plein.

Neuf heures.

Les transactions commerciales paraissent se ralentir et les marchands forains commencent à emballer leurs marchandises sur leurs voitures.

Les ménagères, le gousset garni par la vente des produits de basse-cour, font leurs emplettes habituelles et s'en retournent à la hâte.

Mais, ce n'est guère des ménagères et de leurs emplettes dont il s'agit ce jour-là...

Ecoutez ces cris endiablés et ces chants joyeux que les septuagénaires eux-mêmes n'entendent jamais sans éprouver une réelle émotion, car ils leur rappellent les beaux jours disparus!...

Voici les conscrits de Matour qui défilent, drapeau et musique en tête, dans la rue principale. Ils sont nombreux et de belle taille.

Voici ceux de Brandon, ceux de Trambly, ceux de Dompierre, etc. Tous, ainsi que leurs maires, sont ornés de cocardes, de rubans et de bouquets.

Mais quels sont ces futurs guerriers qui, plus que beaucoup de leurs camarades, sont enrubannés et fleuris. Ils marchent militairement aux sons d'un tambour et d'un piston. Leur maire, grand, élancé, est à leur gauche comme un chef militaire. Il est porteur d'un magnifique bouquet tricolore ainsi que d'une belle écharpe blanche à franges dorées (lui seul dans le canton est orné de cet insigne offert la veille par ses conscrits).

Quelle est, dis-je, cette petite phalange joyeuse qui attire plus particulièrement les regards ?

Je n'ai pas besoin de la nommer. Vous l'avez depuis longtemps reconnue : C'est la troupe des gais conscrits de notre cher pays de Montmelard !

Et c'est aux cris sympathiques de : Vive Montmelard ! Vivent les Montmelardis ! qu'on accueille ces derniers à leur entrée vraiment triomphale dans la cité matouraine.

Les voilà maintenant tous réunis : Dompiarris et Trevisios, Matourains et Montmelardis, Brandonnis et Tramblirons, Tsapallis. Montagnards et Meulatis. Tous se coudoient, se mêlent et s'interpellent fraternellement, car beaucoup d'entre eux se connaissent d'une commune à l'autre.

Le temps n'est plus où on se querellait et où l'on échangeait des coups pour un oui ou pour un non.

Les futiles rivalités de clochers ont fait place, depuis un certain temps déjà, à la bonne cordialité et à une gaie camaraderie.

Tous ces conscrits sont de braves garçons qui célèbrent et chantent leur vingtième année !

Tous, en un mot, qu'ils soient de Dompierre ou de Matour, de Meulin ou de Montmelard, sentent et comprennent qu'ils sont les enfants de la même patrie et que cette patrie est la belle France, une et indivisible !

Dix heures moins le quart.

MM. les Maires ou leurs représentants commencent à se diriger du côté de l'Hôtel de Ville, où bientôt aura lieu l'examen médical des conscrits. Effectivement, des personnages tout galonnés s'approchent : une riche automobile s'arrête à l'extrémité de la place. M. le Préfet, le général de brigade et un conseiller de préfecture en descendent.

Ces messieurs échangent des salutations avec les représentants des communes, avec le conseiller général et le conseiller d'arrondissement, avec le sous-intendant militaire, le commandant de recrutement, le médecin major, le capitaine de gendarmerie, le conseiller général et le conseiller d'arrondissement du canton voisin.

Toute cette troupe d'élite, précédée de M. Chatot, maire de Matour, se rend dans une salle spéciale de la Mairie où les jeunes gens seront examinés dans quelques instants.

Je n'aurai garde d'oublier de noter au passage la belle et martiale tenue de la brigade de gendarmerie qui momentanément rend les honneurs aux membres de la commission et qui, tout à l'heure, assurera l'ordre nécessaire en pareille circonstance et prêtera un concours indispensable aux opérations de la dite commission (mesurage, pesage et appel des conscrits).

Dix heures.

La salle spéciale dont il vient d'être parlé est grande, convenablement décorée et bien éclairée par deux larges fenêtres donnant sur la cour extérieure.

Elle est meublée d'une longue table rectangulaire garnie d'un tapis.

Une double rangée de sièges est placée le long de la table, du côté des fenêtres. La rangée joignant la table est destinée aux membres de la commission ; l'autre est occupée par MM. les Maires.

Dans l'un des angles de la salle et face à la commission, est disposée une sorte d'échelle de mesurage communément appelée toise ; à l'angle opposé se trouve une bascule.

M. le Préfet préside la séance. Dès l'ouverture de celle-ci, le conseiller de préfecture procède aussitôt à l'appel des maires ou de leurs délégués. Chacun d'eux vient à tour de rôle apposer sa signature sur un registre spécial.

Pendant ces formalités préliminaires, la première dizaine des conscrits a pénétré dans la salle.

Un gendarme procède au pesage et un autre au mesurage des jeunes gens.

Aussitôt, M. le Préfet appelle le conscrit porté le premier sur la liste cantonale, puis le second, le troisième et ainsi de suite.

Les noms sont inscrits dans l'ordre alphabétique et sans distinction de commune, contrairement à ce qui avait lieu il y a quelques années encore (avant la loi de 1905).

A l'appel de chaque nom, M. le Brigadier de gendarmerie répond : présent ou absent. Il explique l'absence de l'homme qui, pour une raison quelconque, ne s'est pas présenté devant le conseil. De plus, il annonce la taille et le poids de chacun. La hauteur de la taille est exprimée en centimètres. Exemple : Un tel, 165 centimètres ; un tel, 172 centimètres. Il est superflu de dire que le poids est évalué en kilos. (Il s'est trouvé un jeune homme qui a pesé tout près de deux quintaux du pays, le nommé R., de Dompierre.)

Chaque sujet appelé se place, après avoir été pesé et mesuré, au milieu de la salle, face à la commission. Le médecin major mesure la grosseur de la taille de chaque homme, examine minutieusement sa constitution physique, le fonctionnement des organes internes, la vue, l'ouïe. Il le questionne aussi sur son état de santé, sa profession, écoute et contrôle les sujets de réclamations concernant des cas de maladies ou d'infirmités. M. le Major répond également aux observations qui lui sont présentées par les divers membres de la commission. Enfin, il prononce en quelque sorte la sentence du jeune conscrit, par les mots suivants, selon le cas : Bon, Exempt de service, Ajourné.

Certains jeunes gens dont l'examen médical demande un contrôle particulier seront visités supplémentairement à la fin de la séance. Il s'agit ordinairement de ceux qui ont à se plaindre d'un défaut de la vue ou de l'ouïe.

D'autres cas douteux et relativement rares seront examinés ultérieurement, à la séance de clôture qui a lieu chaque année au chef-lieu du département, c'est-à-dire à Mâcon.

M. le Préfet inscrit dans une colonne *ad hoc* les motifs d'ajournement, d'exemption ou d'absence. Il inscrit dans une autre colonne, les mentions d'acceptation pour le service armé ou pour le service auxiliaire.

L'ensemble de ces détails d'examen est loin, disent les anciens, de se pratiquer avec la rudesse d'autrefois. Aucune parole brusque, aucune remarque ironique ou désobligeante n'est prononcée.

C'est sur un ton qui n'a absolument rien de cassant, rien de sévère, que les diverses questions sont posées aux conscrits.

M. le Major, dont le rôle est considérable en la

circonstance, puisque le conseil ne peut statuer qu'après avoir entendu son avis, a tout spécialement l'occasion d'employer ce ton général de douceur et de politesse que tous les assistants ont admiré.

Qu'on en juge par les termes suivants prononcés d'une voix on ne peut plus aimable :

« Regardez-moi, mon ami. Croisez les bras. Ecartez-les. Tournez-vous. D'où vient cette cicatrice ? Tournez-vous encore. Ouvrez la bouche. Vous vous portez bien ? Votre vue est bonne ? Avez-vous été gravement malade ? Toussez. Comptez à partir de 80, 81, etc... »

On ne saurait apporter, dans une fonction aussi délicate que difficile, plus d'aménité patiente et plus de paternelle bonté.

A diverses reprises, le conseil a manifesté son admiration pour la vigueur et la belle prestance de ces enfants de vingt ans à peine ; car c'est la première fois, comme on l'a vu plus haut, que la classe est recrutée à cet âge, sauf aux époques troublées de notre histoire, où le pays était en danger.

Il n'y a eu que trois ou quatre cas de réforme et très peu d'ajournements.

C'est un honneur pour nos campagnes que

cette belle constitution physique ainsi officiellement constatée.

« Il est bien rare, disait d'ailleurs quelqu'un d'autorisé à le proclamer, que les villes nous donnent un si beau résultat. »

M. le Major s'absente momentanément pour aller examiner, dans une salle voisine, les cas spéciaux dont il a été question (surdité, mauvaise vue). Au bout de quelques minutes, il revient auprès de la commission faire connaître ses conclusions définitives.

M. le Préfet collationne enfin, avec M. le Commandant de recrutement, tout le travail qui vient d'être fait.

Dès que cette dernière besogne est achevée, il remercie les maires de leur concours, leur demande avec bienveillance s'ils ont quelque chose à lui soumettre, soit sur les opérations qui viennent d'avoir lieu, soit sur une question administrative quelconque.

Personne ne demandant la parole, M. le Préfet déclare la séance levée.

Il est exactement midi quarante minutes.

Déjà sur la place et dans les rues, on entend les musiciens qui rassemblent leurs jeunes troupes. Celles-ci recommencent et redoublent leurs exubérances un instant interrompues.

Mais, il est midi sonné depuis longtemps, avons-nous dit, et l'estomac réclame ses droits.

Aussi, bientôt les salles des hôtels regorgent de convives. Les gais propos animent les repas où se trouvent maintenant, confondus dans les mêmes tables, des conscrits de diverses communes, les maires de ces dernières, plusieurs pères de famille, des parents, des amis.

Dès que l'appétit commence à être quelque peu calmé, des cris joyeux et des chansons retentissent. Jeunes et vieux y prennent part.

A signaler en passant, le père d'un conscrit de Montmelard qui chante avec beaucoup de succès : « En mil huit cent cinquante, je me suis engagé, etc. (Voir le chapitre précédent : Les veillées d'hiver, page 156.)

Mais peu à peu, les hôtels se dégarnissent et Matour voit successivement partir ses hôtes de tout âge. Chacun reprend le chemin de son village.

Les pères de famille, en compagnie des maires et de quelques amateurs, dont j'étais, s'en vont : les uns à pied, les autres en voiture.

D'autres encore se dirigent sur la gare de

Trambly pour se rendre à leurs domiciles par le train de quatre heures, et j'en connais de ce nombre...

Les conscrits, pour la plupart, sont moins pressés de partir. Mais enfin, ils prennent à leur tour la direction de leurs clochers respectifs.

Ceux de Matour ont fait une chose qui mérite d'être signalée. Elle est digne d'éloges : ils ont fraternellement accompagné, pendant près de deux kilomètres, leurs camarades de Montmelard.

Les musiciens des deux troupes s'étaient réunis et jouaient tour à tour ou ensemble leurs airs accoutumés.

Voilà assurément ce qui n'existait guère il y a un demi-siècle et même moins et qui est tout à l'honneur de notre jeune génération dont on se plaît parfois trop à médire.

. . . .

Je n'entreprendrai pas le récit des divertissements auxquels se livrent les conscrits quand ils sont de retour dans leurs communes. Pour ce qui concerne Montmelard, cette relation a été faite. (Voir le chapitre spécial consacré aux conscrits, page 112.)

QUELQUES RÉFLEXIONS PERSONNELLES

En voyant tous ces jeunes garçons de vingt ans, aux bras hâlés par le soleil et bien musclés, aux torses vigoureux, je songeais combien chacun d'eux avait coûté de peines et quelques-uns de larmes aux mères qui leur avaient donné le jour ; combien chacun d'eux tenait une large place au foyer paternel !...

Ils sont là, aujourd'hui, en groupes plus ou moins nombreux. Mais demain, ce conscrit qu'on pèse, qu'on mesure et qu'on ausculte de si près, ce conscrit, dis-je, qui bondit et gambade comme un jeune chevreau en liberté, redeviendra l'enfant du sillon ou de l'atelier, ou plus simplement l'*enfant* dont on voit les traits et dont on entend la voix depuis vingt années.

Maintenant, me disais-je, c'est le n° 25, ou 50, ou 75, catalogué et classé sur de multiples listes ou registres.

Demain, il aura repris sa place à la table de famille.

Pour le plus grand nombre, il est vrai, cette réintégration sera de courte durée.

Aujourd'hui, le devoir militaire a commencé de se manifester pour la première fois ; demain, il se montrera plus exigeant et parfois assez rigoureux.

Mais, si dur et si pénible qu'il puisse être, nos braves montagnards, dont la commission a tant apprécié la vigueur, sauront le remplir et se tirer d'affaire vaillamment, gaiement, comme de bons et loyaux Français qu'ils sont tous !

9 novembre 1913.

Projet de limites du territoire de notre commune

ÉTABLI PAR LE CONSEIL MUNICIPAL, DANS SA SÉANCE
DU 21 FÉVRIER 1791

A la séance du dit jour, le procureur de la commune, le sieur Pierre Dargaud, donna connaissance d'une lettre qu'il avait reçue de M. le Syndic du district de Charolles, auquel Montmelard était rattaché, depuis la loi du 27 mars 1790, relative à l'organisation administrative de la France.

On a vu plus haut (*Généralités sur Montmelard*), que notre commune ne fit partie de l'arrondissement de Mâcon qu'à la suite du décret du 17 frimaire, an X (8 décembre 1801).

La lettre de M. le Syndic est datée du 6 février 1791 ; elle est signée : Baudinot, procureur syndic.

Elle invite l'Assemblée communale à établir au plus tôt les limites de son territoire et à s'entendre ultérieurement avec les municipalités voisines au sujet des rectifications auxquelles sera susceptible de donner lieu l'établissement du projet de délimitation. Ces rectifications furent très peu nombreuses et de minime importance. Ce qui prouve le soin avec lequel nos ancêtres ont su accomplir leur besogne.

Mais avant de transcrire ici l'importante délibération dont il s'agit, une courte explication me semble nécessaire, en raison de l'emploi fréquent de certains termes qui ont disparu de notre vocabulaire administratif ou qui ont été remplacés par d'autres ayant un sens analogue.

Ainsi, au mot *district*, on a substitué celui d'*arrondissement* ; le conseil municipal se nommait parfois le conseil général. On disait communauté ou paroisse pour commune ; les officiers municipaux sont devenus les conseillers municipaux. On écrivait sur les divers registres en usage : un enfant mâle, un enfant femelle, ou encore, du sexe mâle, du sexe femelle, au lieu de dire comme de nos jours un enfant du sexe masculin ou du sexe féminin.

Quant au terme de procureur de la commune, ci-dessus employé, il s'appliquait alors à une personne qui représentait directement le Gouvernement dans chaque commune. Le procureur communal était l'agent immédiat du Pouvoir central auquel il devait ses fonctions. C'est lui qui transmettait au conseil municipal les ordres de l'Administration supérieure. Il veillait à la publication et à l'exécution des lois. Et ce n'était pas une sinécure par ce temps de réorganisation du pays de fond en comble. Ainsi, le registre des délibérations de l'année 1791 porte l'inscription abrégée de quatre cent vingt-huit lois.

Le maire, désigné précédemment dans quelques régions sous les noms d'échevin ou de juré, était, à l'époque de la Révolution, nommé comme aujourd'hui par le conseil municipal. Il gérait, de concert avec ce dernier, les intérêts communaux ; il était, de plus, chargé de la tenue des registres de l'état civil. Comme le procureur, il veillait également à l'exécution des lois et règlements.

Il surgissait parfois de petits conflits entre ces deux magistrats communaux ; car ils avaient souvent des tendances à empiéter réciproquement sur leurs fonctions respectives.

De nos jours, cette dualité du pouvoir n'existe plus.

Le maire est à la fois le représentant du Gouvernement et celui de la commune. Il continue en outre, comme autrefois, d'être chargé de l'état civil de ses administrés (naissances, décès et mariages). Depuis la loi municipale de 1884, il tient uniquement ses pouvoirs de la commune et du conseil municipal ; mais il n'en reste pas moins sous les ordres de l'Administration supérieure représentée par le sous-préfet ou le préfet qui peut le suspendre ou le révoquer de ses fonctions. Ce sont, il est vrai, des mesures de rigueur excessivement rares.

Voici maintenant le texte intégral du projet de limites établi par nos arrière-grands-pères.

J'espère que chacun, à la lecture de ce document, leur adressera un souvenir ému de reconnaissance, car de nombreuses difficultés et procès furent, depuis cette époque, évités aux riverains des communes limitrophes. Les coutumes, les évaluations de surface et de mesurage variant à ce moment et pendant longtemps encore, d'un pays à l'autre, il était on ne peut plus important d'être fixé d'une façon constante sur l'étendue exacte et précise du territoire communal.

D'ailleurs, ce souvenir de nos ancêtres auquel je fais souvent appel est un des buts essentiels de ce petit livre et des recherches qu'il m'a occasionnées.

. . . .

Le dit projet débute ainsi :

Le Procureur de la commune ouï (c'est-à-dire entendu),

Les officiers municipaux ont arrêté et arrêtent de fixer l'arrondissement de leur territoire par des limites certaines et ostensibles, conformément à la lettre sus-transcrite et d'après les éclaircissements qu'ils ont pris de personnes anciennes et dignes de foi, de la manière suivante :

A commencer du côté du matin à une roche appelée Pierre des Niquets, laquelle pierre est très connue et se trouve sur le chemin de Matour à Montmelard, en revenant au soir, l'espace d'environ soixante pas, tournant ensuite du côté du nord par un chemin qui va aboutir à la fontaine des barrières ou Fontaine des Deux-Mers ; continuant le dit chemin jusqu'au bout des bois, lieu appelé Pertuis des Besseres, allant de là, en droite ligne, à la Roche-Vallet.

De la dite roche, en allant toujours en droite ligne à la Roche à la Chèvre ; de là, à la plus haute roche de la montagne de Charmont ; de là, à l'Orme du Godeci, c'est-à-dire à la croisée des chemins de la Toule à Ozolles jusqu'à la Croix-des-Moreaux. De là, au sommet de la montagne de Drompvent ; de là, à la roche appelée Roche du Cheval-Blanc ; de là, à la fontaine appelée Fontaine aux Loups, laquelle se trouve près du chemin de Drompvent à Cloudeau. De là, à la maison de Georges Petit, au lieu appelé Combrenot, la dite maison restant dans le territoire de Montmelard. De la dite maison à la Roche-du-Mai ; de là, à la Roche-de-la-Cadette. De là, toujours en droite ligne, à une combe vis-à-vis le milieu du pré, autrefois Etang de Rambuteau, dans laquelle combe (c'est-à-dire vallée) se trouve une borne plantée anciennement pour limite de dîme (c'est-à-dire pour fixation de la limite jusqu'où s'étendait la redevance de l'impôt de la dîme au seigneur de Rambuteau). De là, au chemin des Cusses à Aigueperse, suivant le dit chemin jusque vis-à-vis la chaussée de l'Etang de Polcy ; de là, retournant jusqu'à la grande bonde du dit étang ; de la dite bonde, suivant le cours du ruisseau descendant de l'Etang des Veines.

De là, jusqu'à la Fontaine des Veines, en suivant toujours le ruisseau ; de là, à une pierre qui est au-dessus du chemin de Gibles à Vauzelles, environ trois toises (presque six mètres) au-dessus du chemin. De là, à une autre roche éloignée de la précédente d'environ cent vingt-huit pas; de là, à une autre distante d'environ deux cent cinquante pas ; de là, à une autre distante d'environ soixante-dix pas ; de là, à une roche appelée Jean-Bermond qui est au-delà de l'ancien chemin de Gibles à Vicelaire distante de cent vingt pas environ de la grande bonde de l'Etang de Vicelaire ; d'icelle pierre (c'est-à-dire de cette pierre), passant sur la chaussée du dit étang, montant sur le haut dit des Tessonnières et va à une pierre sur laquelle est une croix ainsi que sur toutes les autres rappelées, depuis la Fontaine des Veines. De la dite pierre, en retournant sur la gauche, on tire à une autre pierre proche, le Crost, dit Crost du Vercherot ; d'icelle à la Roche Guillemin.

De là, à la roche appelée Tend-Cul; sur toutes les pierres et roches, il y a des croix. De la roche de Tend-Cul, entrant dans le chemin appelé Grande-Rue ou Grande-Charrière de Tend-Cul, et suivant la dite rue, l'espace d'environ quatre cent cinquante pas, jusqu'à l'endroit où elle se divise en deux chemins, desquels l'on prend celui qui monte à gauche et va aboutir au lieu appelé le Treive-du-Truge et de là, en suivant le dit chemin qui va aboutir au lieu appelé

Pas-à-la-Poussarde. De là, en suivant le chemin qui va aboutir à la Pierre-des-Niquets.

Les limites rappelées depuis le pré ci-devant Etang-de-Rambuteau jusqu'au lieu appelé Pas-à-la-Poussarde sont très connues depuis longtemps et se trouvent constatées dans une reconnaissance des limites faite sous-seing privé entre les sieurs curés de Gibles et de Montmelard, le vingt-six juillet mil sept cent soixante-dix, lequel sous-seing rappelle d'autres titres tous anciens qui distinguent les dites limites.

Les limites rappelées depuis la Roche-au-Mai jusqu'au pré ci-devant Etang de Rambuteau se trouvent aussi désignées dans un sous-seing privé fait entre les sieurs curés de Montmelard et d'Ozolles, le vingt-deux février mil sept cent soixante-trois.

Pour fixer les autres limites, les susdits officiers municipaux déclarent qu'ils n'ont pas été guidés par l'envie d'agrandir ni de diminuer leur territoire, mais qu'ils n'ont agi que d'après le témoignage des personnes anciennes et dignes de foi, et suivant que l'incertitude des anciennes limites et la nécessité d'en fixer de bien ostensibles, l'ont exigé, il est peut-être arrivé de là, que des parcelles de terrain dépendantes ci-devant des paroisses voisines se trouvent englobées aujourd'hui dans le territoire de Montmelard et respectivement que des portions de terrain dépendant ci-devant de Montmelard se trouvent englobées dans d'autres municipalités. Mais, à y examiner bien scrupuleusement, la compensation se trouve équivalente de part et d'autre, à très peu de chose près.

La délibératioin se continue ensuite par la déclaration suivante :

Les officiers municipaux susdits ont arrêté, en outre, que des extraits de la présente délibération seront donnés à la diligence du Procureur de la commune, aux municipalités de Dompierre, de Matour, de Verosvres et d'Ozolles avec l'indication seulement à chacune de ses limites respectives avec Montmelard. Les dites municipalités demeureront invitées à s'y conformer et à former leurs sections jusqu'aux dites limites.

D'après les raisons plausibles qui ont déterminé la fixation des limites faites dans le présent procès-verbal, le conseil municipal de Montmelard ose se flatter que la dite fixation de limites ne sera pas vue d'un mauvais œil des communes voisines, desquelles il désire conserver l'amitié et bienveillance, préférablement à tout autre intérêt.

Fait à Montmelard, les jour et an que dessus, par nous :

Jean Marin, maire, Henri Nesme, Jacques Bertoux, Pierre Sivignon, François Gâteau, Jean Lapalus, officiers municipaux, et Pierre Dargaud, procureur de la commune, qui nous sommes soussignés avec Antoine Michon ayant fait les fonctions de secrétaire-greffier, à l'exception de Pierre Sivignon qui a déclaré ne savoir signer.

Quatre extraits de la présente délibération ont été délivrés au Procureur de la commune, le 22 février 1791.

Le sieur Procureur a déclaré les avoir délivrés aux différentes municipalités sus-mentionnées à la foire de Matour, le 25 février 1791.

Au greffe de la municipalité, le 27 février 1791.

Signé : MICHON, *secrétaire*.

NOTA. — Le dit Antoine Michon était, à cette époque, vicaire de la paroisse ; le curé se nommait M. Perret.

Division du territoire communal en sept sections.

Après le très important travail qu'on vient de voir, le conseil municipal s'occupa de diviser le sol communal en sections, ce qui était indispensable pour faciliter les recherches ultérieures sur la matrice et le plan cadastral.

Sept sections furent alors établies et minutieusement limitées.

Afin que cette nouvelle besogne fût opérée avec tous les soins désirables, on désigna parmi les habitants notables et anciens de chacune des futures sections, deux d'entre eux ; et à leur tête on plaça, en outre, un membre de la municipalité.

J'ai remarqué que pour assurer, sans doute, plus d'impartialité dans le travail, le dit membre avait toujours son domicile en dehors de la section où il était nommé.

Les sept commissions qui furent désignées comprirent donc, en tout, vingt et un membres.

Voici l'indication de chaque section en même temps que la composition de chacune des commissions.

PREMIÈRE SECTION : LE BOURG OU CHEF-LIEU

Les sieurs Jean Marin et Claude Gelin, tous deux de la dite section, avec Henri Nesme, officier municipal de la section de Nurux, pour être à leur tête.

DEUXIÈME SECTION DITE DE VICELAIRE

Les sieurs Michel Janaud et Jean Philibert, tous deux de la dite section, avec Jean Lapalus, officier municipal de la section des Jaunauds, pour être à leur tête.

TROISIÈME SECTION DITE DE NURUX

Les sieurs Antoine Dargaud et Claude Deparis, tous deux de la dite section, avec Jean Marin, maire (de la section de Vauzelle), pour être à leur tête.

QUATRIÈME SECTION DITE DES JANAUDS

Les sieurs Jacques Reboux et Claude Gelin, tous deux de la dite section, avec Pierre Sivignon, officier municipal de la section de Vigousset, pour être à leur tête.

CINQUIÈME SECTION DITE DE VILLARD

Les sieurs Antoine Morin et Jean Goyard, tous deux de la dite section, avec François Gâteau, officier municipal de la section du Bourg, pour être à leur tête.

SIXIÈME SECTION DITE DE VIGOUSSET

Les sieurs Benoît Sivignon et Jean Sivignon, tous deux de la dite section, avec Jacques Bertoux, officier municipal de la section des Jaunauds, pour être à leur tête.

SEPTIÈME SECTION DITE DE VAUZELLE

Les sieurs Claude Gâteau et Benoît Canard, tous deux de la dite section, avec Pierre Dargaud, procureur de la commune (de la section de Vicelaire), pour être à leur tête.

....

La désignation de tous ces divers commissaires de sections avait été faite en vertu du décret de l'Assemblée nationale des 20, 22, 23 novembre 1790 accepté par le roi Louis XVI, le 1er décembre suivant. A la séance du 13 mars 1791, où cette désignation a lieu, assistaient non seulement les membres du conseil municipal, mais encore divers notables de la commune ou propriétaires forains. Voici les noms des personnes présentes à la réunion : Jean Marin, maire ; Jean Lapalus, Pierre Sivignon, officiers municipaux ; Claude Gelin, Veuve Fougiraud, Antoine Joly, Pierre Gâteau, Pierre Château, Claude Davaude, Antoine Daviaud et Jean Despierres, notables.

Mesures spéciales de police
prises en 1791
contre des malfaiteurs inconnus.

Divers délits dont on ne précise pas la nature, mais consistant probablement en vols, pillages ou peut-être même en attaques de personnes, ayant été commis dans le canton de Bois-Sainte-Marie et en particulier à Montmelard, voici la délibération prise à ce sujet, par le conseil municipal de notre commune.

Aujourd'hui, dix-sept mars mil sept cent quatre-vingt-onze, nous, Jean Marin, maire de la commune de Montmelard, Henri Nesme, François Gâteau, officiers municipaux, Claude Gelin, notable extraordinairement convoqué à la diligence de Pierre Dargaud, procureur de la commune, au lieu ordinaire de ses délibérations, faisons savoir que :

Ouï le dit procureur de le commune ; vu l'extrait de l'arrêté du district de Charolles de ce jour, lequel porte que les municipalités voisines de Montmelard, ainsi que les maréchaussées demeurent invitées à faire prêter et à prêter main-forte à la municipalité de Montmelard, à toutes réquisitions, en cas de récidive des délits qui ont été commis dans le contenu du bois appelé Buisson-Antoine, situé en la dite commune de Montmelard, pour les faire cesser et même appréhender au corps, tous les délinquants qui pourraient être surpris au moment du délit, conformément aux lois de l'Assemblée nationale ;

Étant instruite que des gens attroupés ont encore persisté aujourd'hui à commettre les mêmes délits dans le dit canton, et ayant lieu de craindre qu'ils persistent encore demain,

Nous avons arrêté et arrêtons que les municipalités de Matour, de Bois-Sainte-Marie et la maréchaussée de La Clayette, par nous invitées et priées de vous prêter main-forte, demain sur les huit heures du matin, dans le dit canton de Bois-Sainte-Marie, pour faire cesser les dits délits et même appréhender au corps, tous délinquants surpris au moment du délit ; qu'en conséquence, des extraits de la présente délibération seront délivrés à la diligence du procureur de la commune, dès ce jour, aux municipalités de Matour et de Bois-Sainte-Marie, ainsi qu'à la maréchaussée de La Clayette.

Fait à Montmelard, les jour, mois et an que dessus (17 mars 1791).

La délibération est signée par les sieurs Marin maire, Nesme Henri, Gelin, Dargaud et Gâteau.

Délimitation définitive du territoire de Montmelard. — Cadastre.

DIVISION DE CE DERNIER EN SECTIONS

L'établissement définitif des limites de notre commune, du moins celles qui n'ont pas été modifiées jusqu'à ce jour, fut effectué en l'année 1816.

Notre plan cadastral, nos matrices et notre état de sections datent de cette époque.

Ce travail important a été exécuté par des géomètres-experts nommés par l'Administration avec le concours des maires des communes intéressées et d'un certain nombre d'indicateurs. On verra plus loin les noms des uns et des autres.

Il m'a paru superflu de reproduire ici le long procès-verbal relatif à la délimitation de Montmelard avec les communes voisines.

D'ailleurs, les divers points servant de limites (chemins, roches, pierres, fontaines) sont à peu de chose près les mêmes qui avaient été indiqués avec beaucoup de soin — comme nous l'avons vu, — vingt-cinq ans auparavant.

En 1816, l'opération fut faite avec plus de précision encore qu'en 1791 et d'une façon plus méthodique, plus scientifique ; cela est de toute évidence.

Mais elle fut moins communale, moins populaire, moins personnelle, beaucoup plus administrative.

Il n'est plus question des nominations, par l'assemblée communale, de nombreux commissaires avec un « officier municipal à leur tête », pour chacune des sept sections. Plus de délibérations minutieuses entrant dans les moindres détails et affirmant l'entière bonne foi des délibérants ainsi que leur souci constant de ne pas froisser la susceptibilité des communes limitrophes.

Il n'est plus question, non plus, d'extraits à emporter familièrement à la foire de Matour du 25 février 1791 (foire qui existait alors).

Voici maintenant les noms des personnes dont il a été parlé tout à l'heure et qui toutes ont apposé leurs signatures au bas du procès-verbal rédigé par le géomètre officiel, désigné par M. le Préfet, en vertu de l'arrêté du Gouvernement du 12 brumaire an XI.

LIMITES AVEC LA COMMUNE DE VEROSVRES

Le maire de Montmelard : Vallory de Villars.

Les indicateurs : Louis Laroche et François Murard.

Le maire de Verosvres : Guilloux.

Les indicateurs de Verosvres : Guilloux et Bonin.

LIMITES AVEC LA COMMUNE DE DOMPIERRE-LES-ORMES

Le maire de Montmelard : Vallory de Villars.

Les indicateurs : Louis Laroche et François Murard.

Le maire de Dompierre-les-Ormes : Auduc.

Les indicateurs : Guilloux et Mercier.

LIMITES AVEC LA COMMUNE DE MATOUR

Le maire de Montmelard : Vallory de Villars.

Les indicateurs : Delacharme, François Murard et L. Laroche.

Le maire de Matour : Bonnetain.

Les indicateurs pour Matour : Delacharme et un nom illisible.

LIMITES AVEC LA COMMUNE DE GIBLES

Le maire et les indicateurs : comme pour les autres communes sus-indiquées.

Le maire de Gibles : Jacquier.

Les indicateurs : J. Jacquier et Malatier.

LIMITES AVEC LA COMMUNE D'OZOLLES

Le maire et les indicateurs de Montmelard : les mêmes que ci-dessus.

Le maire d'Ozolles : Dumyrut.

Les indicateurs : Pompanon et Guillemin.

A la suite de tous les procès-verbaux de délimitation, se trouve également la signature du géomètre cadastral, le sieur Bouvard.

L'atlas parcellaire ou plan cadastral existant actuellement a été terminé et signé le 1ᵉʳ décembre 1816.

Les diverses formes de l'impôt avant 1789.

On sait que depuis plusieurs années, il est question de substituer aux quatre contributions directes établies par la Révolution, aux quatre vieilles, comme on les appelle familièrement, un impôt général sur le revenu.

Ce n'est pas mon affaire, ainsi que le dit une de nos malicieuses chansons rustiques, de célébrer les avantages ou de critiquer les inconvénients de tel ou tel système.

Mais, en qualité de chroniqueur du passé et aussi un peu du présent, il me sera bien permis, je pense, de relater au milieu de ces pages, un court extrait d'une *Etude sur l'impôt*, par M. Léon Sentupéry, publiciste, lequel a bien voulu, par sa lettre datée de Paris, du 14 novembre 1913, m'accorder l'autorisation de reproduction que je lui avais demandée.

On verra par cet extrait, que si notre fardeau d'impositions commence à s'alourdir passablement, celui qu'avaient à supporter nos pères était loin d'être léger et, de plus, sa répartition laissait beaucoup à désirer.

....

« Les impôts de l'ancien régime furent variés et nombreux. Exposons les principaux :

La *taille* apparaissait comme le plus dur. Son nom lui venait de ce que les collecteurs employaient pour le percevoir des « tailles » en bois, comme en ont les boulangers.

Perçue d'abord par les seigneurs sur les serfs, elle le fut ensuite par les rois, qui l'augmentèrent progressivement. Son assiette variait selon les provinces, comme tous les impôts de cette époque-là. Elle avait le caractère personnel, puisqu'elle atteignait ou épargnait les gens d'après leur qualité. La Noblesse et le Clergé en étaient exempts.

Les *vingtièmes* se percevaient sur les revenus fonciers. On y rattacha la taxe de remplacement des corvées.

A un certain moment, les « taillables » seuls acquittèrent les vingtièmes, ce qui se traduisait pour eux par un supplément d'un quart, s'ajoutant à la taille.

La *capitalisation* consistait en une taxe portant en principe sur chaque habitant, proportionnellement à sa fortune. Mais là encore, le peuple seul payait.

Les *aides* étaient des subsides fournis aux seigneurs pour leur venir en aide dans des circonstances spéciales. Plus tard, ce fut le Roi qui en leva, à son profit.

Les aides originaires n'en continuèrent pas moins à être dues au seigneur, par exemple, lorsqu'il mariait sa fille, lorsque, étant prisonnier, il lui fallait une rançon, etc.

Les *traites* étaient des droits de douanes sur les marchandises, à l'entrée ou à la sortie, soit du royaume, soit des provinces.

La *gabelle* était constituée par l'impôt sur le sel, payé depuis 1340, époque à laquelle Philippe IV établit à son profit personnel le monopole du sel.

Ce fut un des impôts les plus impopulaires. Son taux variait selon les provinces.

En 1680, une ordonnance décida que toute personne au-dessus de sept ans serait tenue d'acheter au moins sept livres de sel chaque année. La gabelle rapportait 120 millions par an.

Comme les aides et les traites, elle était affermée à des adjudicataires qui, naturellement, lui faisaient rendre le plus possible, en pressurant le peuple.

Citons encore : *l'impôt des routes*, les *droits de contrôle*, le *centième denier*, etc., également perçus au profit du Roi.

Les *droits d'octroi* étaient établis par la commune dont les revenus étaient insuffisants — auquel cas le Roi leur *octroyait* cette faveur en se réservant pour lui la moitié du produit.

La dîme ecclésiastique était perçue par le Clergé. D'abord, les fidèles lui réservaient une partie de leur récolte, pour l'entretien du culte. Mais bientôt, les prêtres desservant les paroisses s'en virent dépouillés par les moines et les abbés, parfois aussi par les seigneurs, propriétaires du sol.

Ces prélèvements en nature étaient considérables ; ils portaient sur les récoltes, sur les bestiaux, et même sur le travail. La fixation de la dîme variait selon les provinces ; dans quelques-unes, elle atteignait le quart de la production.

Cet impôt, devenu odieux, fut aboli par la Révolution. On évaluait alors son profit entre 90 et 110 millions.

Les *droits seigneuriaux* restèrent dus aux seigneurs jusqu'à la veille de la Révolution. Outre certains privilèges attachés à la seigneurerie, comme celui de s'approprier les biens abandonnés ou les terres non cultivées depuis dix ans, le seigneur touchait nombre de droits : *droit de sauvement*, payé au seigneur pour sa protection personnelle ; *droit de guet*, pour sa protection militaire ; l'*afforage*, droit sur les débits de boissons ; le *fouage*, perçu sur chaque feu ; le *rachat*, égal à une année de revenus, dû par les héritiers collatéraux ; les *droits de péage*, sur les ponts, bacs et chemins ; les *lods et ventes* payés comme droits de mutation à son profit, pour les aliénations de propriétés situées dans sa seigneurerie, etc., etc.

Rappelons encore les *droits de pigeonnier* et ceux pour *moudre le grain*, pour la *vendange*, pour *cuire le pain*, etc., car on était tenu de moudre le grain au four banal appartenant au seigneur, en lui payant une taxe ; de même pour cuire le pain au four banal, etc.

Ces vieux droits féodaux avaient réussi à subsister à travers les temps.

La presque totalité de ces impôts étaient payés uniquement par le peuple.

Quant à la rentrée des contributions, elle s'effectuait par les « Fermiers généraux », véritables fléaux qui employaient à cette besogne deux cent mille « commis et rats de cave », ayant à leur disposition une série de moyens vexatoires, inquisitoriaux et répressifs, notamment une juridiction spéciale, et la faculté de recourir aux galères, à la potence et au supplice de la roue.

Dès 1707, dans la « Dîme royale », Vauban constatant l'injustice de cette fiscalité, écrivait : « Le mal est poussé à l'extrême, et si l'on n'y remédie, le menu peuple tombera dans une extrémité dont il ne se relèvera jamais. »

Le peuple pourtant s'en releva. Et il fit la Révolution de 1789 qui balaya tous ces abus et formula les règles propres à en éviter le retour.

Loi du 1ᵉʳ décembre 1790

SUR L'ÉTABLISSEMENT DES CONTRIBUTIONS DIRECTES

A la suite du vote de cette loi fondamentale, tous les citoyens actifs (c'est-à-dire valides), ainsi que tous ceux qui étaient possesseurs de biens meubles et immeubles, furent invités à faire à la mairie leurs diverses déclarations. Les cédules individuelles, déposées dans nos Archives, attestent que les uns firent eux-mêmes leurs dites déclarations et que d'autres laissèrent le soin de remplir cette formalité aux membres de la municipalité, particulièrement en ce qui concerne la contribution personnelle et mobilière.

A titre documentaire et de curiosité, voici trois de ces déclarations qui furent faites, soit directement, soit indirectement.

Commençons par celle du sieur Perret, curé de Montmelard, relative à la cote personnelle-mobilière.

Je copie textuellement la dite déclaration, rédigée sur une feuille spéciale et individuelle, ainsi que toutes les autres du même genre :

« Mʳ le Curé. — Je soussigné, pour me conformer aux dispositions de l'article XXXIV de la loi concernant la contribution mobiliaire, déclare :

1° Que j'ai les facultés équivalentes à celles que donne la qualité de citoyen actif ;

2° Que j'ai une domestique femelle ;

3° Que j'ai un cheval de selle ;

4° Que la valeur de mon habitation est de douze livres ;

5° Que je suis célibataire ;

6° Que je suis salarié public pour une somme de quinze cents livres.

Fait au greffe de la municipalité, le 7 avril 1792. — Perret, curé de Montmelard. »

La déclaration est certifiée et signée par les conseillers municipaux dont les noms suivent : Lapalus, Gelin, Gâteau, Janaud, procureur, et un autre Lapalu (sans s).

Deux conseillers présents ont déclaré ne savoir signer.

NOTA. — A cette époque, ainsi qu'on l'a déjà vu, les termes grammaticaux de masculin et de féminin n'étaient pas usités pour la désignation des sexes. On disait, sans la moindre hésitation, *enfant mâle, enfant femelle*. Il n'y a donc pas lieu de s'effaroucher de l'expression ci-dessus rapportée de « domestique femelle » qui était alors couramment employée.

Comme on le voit également, les curés de ce temps-là utilisaient les chevaux de selle. Il en était de même, en raison de la rareté des bons chemins, de tous ceux qui avaient plus ou moins à voyager, par suite de leurs professions : médecins, notaires, huissiers, collecteurs d'impôts et rats de caves, marchands et maquignons, etc.

AUTRE DÉCLARATION

Relative à la cote personnelle mobilière.

(Celle-ci fut faite par les soins de la municipalité.)

M. X...

Ce propriétaire n'ayant pas fait la déclaration pour l'imposition mobiliaire, nous déclarons :

1° Qu'il est citoyen actif ;

2° Que la valeur de son habitation est de quatre livres ;

3° Qu'il est propriétaire dans les municipalités de Montmelard et de X... et que, en somme totale, il paye la contribution foncière à raison d'une somme de quarante-cinq livres trois sols, ainsi qu'il résulte des rôles que nous avons sous les yeux ;

4° Qu'il est père de trois enfants et que la valeur de son habitation représente une valeur de sept livres.

Fait au Greffe de la municipalité, le 12 avril 1792.

Ont signé : Berthoux, maire ; Janaud, procureur ; Lapalus avec s et Lapalu sans s, Gâteau, Gelin, tous conseillers municipaux, ainsi que deux autres qui ont dit ne le savoir.

DÉCLARATION RELATIVE A L'IMPÔT FONCIER

Faite par le sieur Claude Gelin, marchand et propriétaire (section du Bourg).

....

Je soussigné Claude Gelin, marchand et propriétaire en la commune de Montmelard, y résidant, déclare que je possède sur le territoire de la dite commune, section du chef-lieu :

1° Une terre de la contenance de 4 mesures, n° 1.

2° Une maison et petite terre attenante de la contenance de 5 coupées, n° 5.

3° Une maison avec bâtiments ruraux, cour, jardin et terre attenante, de la contenance d'une mesure, n° 21.

4° Une terre de la contenance de 2 coupées, n° 37.

5° Une terre de la contenance de 3 coupées, n° 38.

6° Une terre de la contenance de 2 mesures, n° 46.

7° Une terre de la contenance d'une mesure, n° 56.

8° Une terre de la contenance d'une mesure, n° 261.

9° Une terre de la contenance de 7 mesures, n° 211.

10° Une terre de la contenance de 3 mesures, n° 313.

11° Une terre de la contenance de 4 mesures, n° 324.

Fait au Greffe de notre municipalité, ce jourd'hui, 14 novembre 1791. — Signé : Gelin.

Petit tableau comparatif

Intéressant à consulter en 1914 et qui le sera plus encore en 2014 — surtout si, à cette époque future et lointaine, — le prix des choses présente autant de variation qu'il en a subi depuis un demi-siècle environ.

Gages des domestiques de culture à différents âges et en ce qui concerne seulement les hommes. Les gages du personnel féminin ayant à peu près varié dans la même proportion que ceux des hommes.

Il est entendu que les chiffres qu'on verra ci-dessus représentent des prix moyens et approximatifs ; car il est bien évident que les gages de deux jeunes garçons de 15 à 17 ans, par exemple, peuvent facilement présenter un écart de 50 francs, suivant les forces respectives de chacun d'eux.

Comparons les prix d'aujourd'hui avec ceux d'autrefois (d'il y a une cinquantaine d'années).

AUJOURD'HUI

A 13 ans..... 200 fr. A 17 ans..... 400 fr.
A 14 ans..... 230 »   A 18 ans..... 480 »
A 15 ans..... 280 »   A 19 ans..... 500 »
A 16 ans..... 310 »   A 20 ans..... 550 »

De 25 à 30 ans : environ 600 francs.

AUTREFOIS

A 13 ans : 60 à 70 fr.   A 17 ans : 160 à 170 fr.
A 14 ans : 70 à 80 »   A 18 ans : 180 à 200 »
A 15 ans : 90 à 100 »   A 19 ans : 220 à 230 »
A 16 ans : 130 à 140 »   A 20 ans : 250 à 270 »

De 25 à 30 ans : 280 à 300 francs, à peine.

Prix des divers articles de consommation et d'entretien.

AUJOURD'HUI

Un veau de 100 kilos se vend généralement de 140 à 150 francs.

Un porc de même poids vaut environ 110 à 120 francs.

Une bonne vache laitière coûte de 500 à 550 francs.

Un lapin de 3 kilos vaut de 3 fr. 25 à 3 fr. 50.

Un bon poulet n'est pas donné à moins de 3 fr. 50.

Une oie, aux environs de Noël, vaut de 6 à 7 francs.

Un canard vaut, à la même époque, de 3 fr. 50 à 4 francs.

La douzaine d'œufs se vend de 1 franc à 1 fr. 50.

Les bons fromages de chèvres valent de 2 fr.50 à 3 francs la douzaine.

Le beurre vaut de 1 franc à 1 fr. 25, selon la saison.

Les pommes de terre qui sont livrées en gros valent, selon, les qualités et les années, de 12 à 14 francs les 200 kilos (le tonneau).

Le mètre de drap pour vêtements d'hommes vaut approximativement 12 francs.

Le mètre de velours pour homme vaut 4 fr. 50.

Le mètre de lainage pour dames vaut environ 3 francs.

Les divers articles de cotonnade se vendent de 1 fr. 15 à 1 fr. 25 le mètre.

COMPARONS MAINTENANT AVEC AUTREFOIS

Un veau de 100 kilos était vendu environ 60 francs.

Un porc du même poids valait 50 à 55 francs.

Une bonne vache valait de 230 à 250 francs.

On avait un bon lapin pour 1 fr. 25 à 1 fr. 50.

Un joli coq pour les mêmes prix.

Une grosse oie de Noël pour 3 francs à 3 fr. 25.

Un beau canard pour 1 fr. 50 à 1 fr. 75.

Le blé valait environ 30 à 35 francs les 100 kilos ; il vaut aujourd'hui de 26 à 27 francs.

La douzaine d'œufs valait de 9 à 15 sous.

Le demi-kilo de beurre se vendait de 15 à 18 sous.

La douzaine de fromages de chèvre valait de 1 fr. 50 à 1 fr. 80.

Les pommes de terre valaient de 3 fr. 50 à 4 francs les 11 mesures équivalant environ à 205 kilos.

Le drap pour vêtements d'hommes valait 8 francs le mètre et le velours 3 francs.

Le mètre de lainage pour femmes se vendait en moyenne 1 fr. 60 à 1 fr. 75.

Et les articles de cotonnade ne valaient pas plus de 0 fr. 80 à 1 franc le mètre.

NOTA. — J'ai puisé les divers renseignements qui précèdent auprès de plusieurs personnes habitant notre commune (cultivateurs et négociants). Je les remercie vivement de leur obligeance.

Biographies abrégées des hommes ayant fait des campagnes pendant leur présence sous les drapeaux.

Parmi ces hommes, les uns sont nettement enfants de Montmelard ; les autres y ont passé une partie plus ou moins grande de leur existence.

L'inscription de leurs états de services n'a pas toujours été facile, par suite de l'absence du pays ou de la mort d'un certain nombre de ces anciens combattants.

Il m'a fallu questionner leurs descendants et demander des renseignements de divers côtés.

Les notices individuelles les plus complètes sont celles qui ont été rédigées à l'aide des livrets militaires que j'ai pu me procurer.

En publiant les noms de tous ces défenseurs de la Nation, j'ai eu non seulement l'intention de donner en exemple, aux jeunes générations, les actions de leurs ancêtres — ce qui est là le côté patriotique du chapitre, — mais mon but a été encore celui qui m'a guidé du commencement à la fin de ce livre : sauver de l'oubli des enfants du pays, jeter des noms qui, par leur lecture, évoqueront le souvenir d'un père, d'un grand-père, d'un oncle, d'un parent éloigné, d'un ami de la famille, etc.

Et pour répéter la même idée, en d'autres termes, j'ai voulu essayer de perpétuer le plus posible le souvenir de tous ceux qui nous sont chers.

....

Afin de ne pas avoir à rencontrer des difficultés de recherches presque insurmontables, je n'ai fait un retour en arrière que d'une centaine d'années environ.

C'est pourquoi les plus anciens noms qu'on verra sont encore loin d'être inconnus.

J'ai pu, malgré mes efforts et ceux des personnes qui me sont venues en aide et que je ne saurais trop remercier, j'ai pu, dis-je, faire quelques oublis. Qu'on veuille bien nous excuser, les uns et les autres ; les omissions signalées sont tout à fait involontaires ; et à l'avance, je les regrette sincèrement.

Les anciens militaires dont il est fait mention dans ce chapitre sont uniquement ceux qui ont pris part aux Campagnes du Premier Empire, d'Afrique, de Crimée, d'Italie et enfin à celle qui nous laisse un si triste souvenir, celle de 1870-71.

Nous commencerons naturellement, par les temps les plus reculés.

Pour la période mouvementée de 1792-1815, j'aurais désiré trouver des noms plus nombreux et accompagnés, autant que possible, de documents ou de témoignages authentiques ; mais je n'ai pu faire mieux.

Campagnes de premier empire de Louis-XVIII et de Louis-Philippe.

Louis Guillin

Né à Dompierre-les-Ormes, le 13 octobre 1791, fils de Joseph Guillin et de Françoise-Marie Auclair.

Est parti au régiment à l'âge de 18 ans, en l'année 1809.

A fait toutes les campagnes de l'Empire depuis cette date jusqu'à sa chute et n'a été libéré que sous Louis XVIII, en 1817.

Il était tambour de la Garde impériale. Il fut fait prisonnier en Espagne, en 1813, où son régiment, le 34ᵉ de ligne, combattait.

A été blessé onze fois. En 1869, Louis Guillin a obtenu, en récompense de ses services, la médaille de Sainte-Hélène instituée par Napoléon III, ainsi qu'une pension annuelle de 275 francs.

L'une des faces de cette médaille porte l'effigie de l'empereur Napoléon Iᵉʳ ; sur l'autre sont écrits ces mots : *Napoléon Iᵉʳ à ses compagnons de gloire. Sa dernière pensée. Sainte-Hélène, le 5 mai 1821.*

Ce vieux combattant a raconté souvent à ses enfants et petits-enfants que sur dix-huit conscrits qui avaient quitté le canton avec lui, en 1809, deux seulement étaient rentrés dans leurs foyers : lui-même avec ses onze blessures et un de ses camarades de Trambly, nommé Roux.

Outre sa médaille et ses papiers militaires, Louis Guillin a laissé comme souvenirs matériels une épée et une épaulette, le tout en assez bon état et précieusement conservé. N'a actuellement comme descendant habitant Montmelard, qu'un petit-fils, Jean Guillin, épicier et cultivateur.

Louis Dargaud

Fils de Joseph Dargaud et de Jeanne Auduc, né à Montmelard, le 17 mars 1792. (Le plus ancien registre de recensement des conscrits ne remontant pas au-delà de 1815, je n'ai pu inscrire le numéro du tirage au sort.) A pris part aux campagnes de Napoléon Ier, à partir de 1812, notamment à celle de Russie ; a fait plus de 1,800 lieues sur mer.

Ainsi que les anciens militaires ayant servi pendant les guerres de la Révolution et de l'Empire, Louis Dargaud a obtenu, en 1869, la médaille de Sainte-Hélène ; il jouissait en outre d'une pension annuelle de 250 francs.

Rentré au pays, il y exerça la profession de cultivateur.

De son mariage avec Claudine Lapalus, il a eu plusieurs enfants parmi lesquels un sieur Jean Dargaud qui, à son tour, a eu également divers enfants, savoir : Marie-Louise, Philibert et Jeanne dite Eugénie, laquelle est mariée avec Jean-Jacques Jeandard, cultivateur à Montmelard, lieu dit la Grand'Combe.

Louis Dargaud est décédé en notre commune, à Villars, le 11 janvier 1871, à l'âge de 79 ans.

Pierre Prost

Né à Verosvres en 1789, fils de Benoît et de Pierrette Dargaud, a fait toutes les campagnes de Napoléon Ier, à partir de 1809 ; a notamment pris part à celle de Russie en 1813, où il reçut une forte blessure à l'épaule gauche.

Il obtint, en récompense de ses services, le bureau de tabac de Montmelard ainsi qu'une pension annuelle de 200 francs.

Il contracta mariage en 1819 avec Etiennette Dauvergne, de Vendenesse-lès-Charolles.

Pierre Prost eut quatre enfants, savoir :

Joseph, mort en mai 1889 ; Marie, qui se maria avec Claude Bonin, père de Mme veuve Hippolyte Canard, actuellement maîtresse d'hôtel à Matour ; Catherine, mariée à un sieur Louis Labrosse, aubergiste à Gibles ; Françoise, qui épousa Claude Lévite, ancien garde champêtre à Montmelard.

Cet ancien militaire est mort à l'âge de 79 ans, à Gibles, chez sa fille Catherine, le 14 juin 1868.

Ces divers renseignements m'ont été fournis par son petit-fils, Jean Prost, cultivateur au hameau de Vauzelle.

Reboux Claude

Né à Trivy, le 25 prairial an VI (17 juin 1798). Il était fils de Joseph Reboux et d'Emilienne Janaud.

Il fit un congé de neuf ans, prit part à l'expédition d'Espagne, en 1823 où il se rendit à pied, de Montmelard.

Cette expédition avait pour but de combattre les Espagnols qui avaient imposé à leur roi Ferdinand VII un gouvernement constitutionnel.

Les principaux faits d'armes furent la prise des villes de Madrid et de Cadix ainsi que celle du Trocadéro.

Son petit-fils est mort il y a quelques années à Vaudebarier où il était cultivateur.

Jacques Archambaud

Né à Montmelard, le 3 frimaire an IV. Il était fils de Pierre Archambaud et d'Antoinette Boucaud. N° du tirage au sort : 82, de la classe 1817.

Il fit les mêmes campagnes que le précédent (Claude Reboux).

Comme lui, il alla rejoindre son régiment en Espagne, à pied ; tous deux supportèrent les plus grandes privations.

Il épousa, à son retour du service, Françoise Semay.

Sa descendance directe comprend les nommés Françoise Desbois, femme de Jean-Louis Augoyard ; Jeanne-Benoîte Desbois, femme de Jean-Pierre Reboux, toutes deux filles de Joseph Desbois et de Benoîte Archambaud ; et enfin Pierre-Marie Desbois, marié à Jeanne-Marie Murard.

Benoît Marin

Né à Montmelard, le 20 septembre 1825. Il était fils de Jean-Pierre Marin et de Jeanne Quelin. N° du tirage au sort : 53.

Il a accompli 28 ans de service militaire.

Il fit les campagnes de Crimée, d'Italie, du Mexique et enfin celle de 1870-71 ; fut fait prisonnier avec l'armée de Metz en qualité de tirailleur algérien.

Il se retira à Montmelard en 1872 et mourut en 1890.

Il était titulaire de plusieurs médailles, notamment de la médaille militaire ; l'Etat lui servait une pension annuelle de 700 francs.

Il n'a, comme descendant, qu'un frère, Jean-Marie Marin, demeurant au bourg de Montmelard.

Jean-Pierre Fargère

Né à Montmelard, le 5 juillet 1825, fils de Benoît Fargère et de Louise Villecourt. N° du tirage au sort : 26.

Pendant son congé, il a pris part à l'expédition de Rome, en 1849, commandée par le général Oudinot.

De son mariage avec Jeanne Besson, il a eu plusieurs enfants, savoir : Jean-Marie, cultivateur à Brandon ; Maria, mariée à Claude Lévite, aubergiste à Chalon ; Henri, maçon à Lyon ; Louis, cultivateur à La Chapelle-du-Mont-de-France ; Claude-Marie, mort à Epinal il y a deux ans.

Jean-Pierre Fargère est décédé en 1887.

Carrette Jean

Né à Montmelard, le 31 juillet 1821, fils de Henri Carrette et d'Antoinette Raquin. N° du tirage au sort : 38.

A fait plusieurs campagnes en Afrique où il a pris part notamment à la bataille d'Isly, en 1844, gagnée par le maréchal Bugeaud sur le sultan du Maroc et Abd-el-Kader.

Parmi ses enfants, citons : Antoine, facteur à Mâcon, et une fille mariée à un sieur Marin, cultivateur à Gibles.

Campagne de Crimée (1854-56).

Chanut Joseph

Né à Montmelard, le 12 février 1831, fils de Jean Chanut et de Philiberte Berthilier. N° du tirage au sort : 29.

Fut incorporé, en 1854, au 2ᵉ régiment de chasseurs à cheval, puis au train des équipages et de nouveau aux chasseurs.

A fait partie de l'armée d'Orient (guerre de Crimée), du 2 février 1855 au 26 juillet 1856 ; a pris part au siège de Sébastopol et il a reçu, en récompense, la médaille commémorative.

A épousé Marie Gelin dont il a eu un enfant : Claude-Marie, actuellement fabricant d'huile à Montmelard. Est décédé le 15 mai 1905, à Montmelard.

Benoît Marin (1825)

A également fait la campagne de Crimée, où il fut blessé.

(Voir sa biographie ci-dessus.)

Etienne Janaud

Né à Montmelard, le 17 janvier 1832, fils de Jean Janaud et de Jeanne-Marie Gauthier. N° du tirage au sort : 46.

A assisté à toutes les batailles de la campagne de Crimée, en compagnie de ses camarades Benoît Morin et Joseph Chanut ; il a dû obtenir la médaille commémorative relative à la dite expédition.

A quitté Montmelard depuis très longtemps pour aller habiter aux environs de la petite ville de Cours (Rhône) ; sa nombreuse famille (dix enfants) s'est établie en grande partie dans la même région.

Les personnes qui m'ont fourni les renseignements ci-dessus (MM. Desmurs et Vézant) croient que le sieur Etienne Janaud est encore actuellement vivant.

Labrosse Jean-Pierre

Né à Montmelard, le 15 mai 1828, fils de Philibert Labrosse et de Jeanne-Marie Funion. N° du tirage au sort : 85.

Arrivé au corps le 15 avril 1854, au 14e régiment de ligne, comme remplaçant.

A fait partie de l'Armée d'Orient, du 8 janvier 1855 au 12 avril 1856.

A reçu le 18 mars 1856, la médaille de la Guerre de Crimée.

Est décédé il y a une quinzaine d'années à Sologny où il exerçait la profession de maçon et où il s'était marié avec la nommée Marie Guyard.

Il n'a pas eu d'enfant ; mais il possède comme parenté à Montmelard : un neveu, Jean Labrosse, cultivateur au hameau du Canton, et une nièce, Claudine Labrosse, épouse de Claude-Marie Laroche, cultivateur au hameau des Grands-Vernays.

Campagne d'Italie (1859).

Belin Claude

Né à Colombier-en-Brionnais, le 3 août 1834, fils d'Antoine et de Jeanne Desmurger.

Incorporé au 13° régiment d'artillerie montée, le 1ᵉʳ avril 1855 ; a été nommé canonnier conducteur le 15 août 1857.

Son livret mentionne les campagnes suivantes: 1859-1860. Est resté en Italie du 1ᵉʳ mai 1859 au 27 avril 1860.

A reçu la médaille commémorative d'Italie et a été libéré le 4 août 1861.

De son épouse, Jeanne-Marie Auclair, décédée en 1913, il a eu quatre enfants : Marie, décédée à l'âge de 37 ans ; Pierre, cultivateur à Dyo ; Jean-Marie, cultivateur au Potet ; Jeanne-Marie, dentellière au bourg de Montmelard.

Claude Belin est décédé en notre commune, le 29 avril 1912, à l'âge de 78 ans révolus.

Braillon Claude

Né à Montmelard, le 29 septembre 1836, fils de Benoît Braillon et de Marie Prost. N° du tirage au sort : 69.

A rejoint son corps au Quesnoy (Nord), le 10 juillet 1858 ; a été nommé grenadier le 10 novembre 1859 (84ᵉ régiment de ligne). S'est embarqué à Toulon, à bord du vaisseau le « Napoléon », le 27 avril 1859, pour la guerre d'Italie. Est rentré en France le 27 août de la même année.

A reçu la médaille de la campagne d'Italie.

Est décédé à Montmelard, lieu de Vigousset, le 13 février 1886.

Il a eu de son épouse, Catherine Aucaigne, quatre enfants : Marie, épouse d'Antoine Bauland, maçon à Montmelard ; Vincent, cultivateur aubergiste au bourg du dit lieu ; Victor, cultivateur aux Combes, même commune, et Marie-Victorine, mariée en 1906 à Pierre-Marie Dumontillet, cultivateur à Gibles.

Benoît Fargère

Né à Montmelard, le 29 août 1834 ; il est fils de Benoît et de Louise Villecourt. Il a eu le n° 23 au tirage au sort de la classe 1854.

A fait partie de l'armée d'Afrique, de 1856 à 1858 ; a ensuite pris part à la guerre d'Italie, en 1859, et a obtenu la médaille commémorative de cette campagne.

S'est retiré comme cultivateur, à Montmelard, où il est décédé, le 25 mai 1902.

A épousé, en 1870, Marie-Claudine Gelin. Ses enfants sont les suivants : Jean-Louis, demeurant à Belleroche ; Jean-Pierre, cultivateur à Montmelard ; Jean-Claude, cultivateur à Trambly.

Le dit Jean-Pierre, né en 1874, a servi, à titre d'engagé volontaire, dans les 8e et 7e régiments d'infanterie de marine. Son livret militaire mentionne les campagnes ci-après : sur l'Amérique, en 1894 ; à la Martinique, du 24 septembre 1894 au 31 mai 1895 ; sur le Canada, du 1er juin 1895 au 14 du dit mois.

Il a épousé Claudine Châtelet et a actuellement quatre enfants : Claudius, Marie, Pierre et Anaïs.

Benoît Thomas

Fils de Claude et de Pierrette Tardy, né à Montmelard, le 19 mai 1834, au lieu du Buisson.

A fait les mêmes campagnes que le précédent.

A son retour du régiment est entré dans une maison bourgeoise comme cocher.

Est décédé, il y a peu d'années, à La Clayette

où il s'était retiré et où demeure encore sa veuve.

N'a eu qu'un enfant : Abel, actuellement avocat au tribunal de commerce, à Paris.

André Jandot

Fils de Jean-Marie et de Louise Gelin, né à Montmelard, le 16 mai 1834.

A également fait les campagnes d'Afrique et d'Italie. N° du tirage au sort : 51.

A eu cinq ou six enfants dont une fille qui est mariée avec le sieur Jean-Pierre Chanut, cultivateur à Dompierre-les-Ormes (lieu de Monnet).

Roy Pierre

Fils de Nicolas et de Claudine Jandot, né à Montmelard, le 18 juin 1834. N° du tirage au sort : 47.

A fait les campagnes d'Afrique et d'Italie.

A eu sept enfants, dont deux garçons sont employés au P.-L.-M.

L'aîné, François, est depuis quelques années brigadier-poseur à Dompierre-les-Ormes ; une fille, Eugénie, est mariée à Jean Robin, hôtelier à Dompierre.

Pierre Roy a été cultivateur au dit lieu, où il demeure encore actuellement (près de la gare).

François Gilles

Fils de Claude et de Pierrette Desmurs, né à Gibles, le 11 juillet 1836. N° du tirage au sort : 39.

A fait la campagne d'Italie.

A eu plusieurs enfants : Pierre, cultivateur au lieu de Charnay ; Jean-Marie, cultivateur à Longverne ; Claudine, épouse de Jean-Marie Vouillon, cultivateur à Villars ; Félicie, mariée à un sieur Bonnot, fermier à Ozolles.

Antoine Palabot

Fils de Pierre et d'Antoinette Laronze, né à Montmelard, le 20 novembre 1833. N° du tirage au sort : 8.

A fait les campagnes d'Afrique et d'Italie.

A eu quatre enfants dont trois garçons et une fille. L'aîné demeure à Beaubery et le plus jeune est cultivateur au hameau de Lafay, commune de Dompierre-les-Ormes.

Antoine Petit

Fils de Guillaume et de Claudine Dumont, né à Montmelard, le 21 octobre 1834. N° de son tirage au sort : 77.

Est mort au service, au cours d'une expédition dans la Kabylie (Afrique).

N'a pas laissé de postérité.

Honneur à la mémoire de cet enfant de Montmelard !

NOTA. — Mon père, Jean Roux, décédé en 1904 et qui était de la classe 1854 (commune de Trambly), m'a souvent parlé de ses anciens compagnons d'armes de Montmelard, et particulièrement de Benoît Thomas, de Benoît Fargère et d'André Jandot, soldats avec lui au 75e de ligne.

Tous ensemble, ils ont suivi le drapeau de leur régiment en Afrique, puis en Italie.

CAMPAGNE D'AFRIQUE (suite)

François Dubois

Né à Suin, le 13 mars 1838, fils de Jacques Dubois et de Marie Ducret.

A servi au 83ᵉ régiment de ligne comme voltigeur et grenadier.

S'est embarqué pour l'Afrique et y est resté deux ans ; son livret militaire mentionne deux campagnes.

A cinq enfants : Jacques, Eugénie, Joanny, Jeanne et Maria.

Jacques est facteur à Dompierre, et Eugénie est mariée à Jean-Marie Fargère, cultivateur à Brandon, au lieu dit la Montagne.

GUERRE DU MEXIQUE (1861-1867)

Pierre-Marie Malatier, né à Matour, le 24 avril 1841, fils de Jean-Marie et d'Elisabeth Désigaud. N° de son tirage au sort : 15.

A fait toute la campagne du Mexique et a obtenu la médaille commémorative.

Rappelé en 1870, comme ancien militaire célibataire, il a servi dans l'Armée de la Loire.

De son mariage avec Pierrette Dussauge, a eu plusieurs enfants dont trois sont vivants :

Joanny, cultivateur, à Longverne, Claudia, cultivatrice au même lieu, et Louis, boulanger, à Montmerle. Est décédé le 30 janvier 1905.

Campagne de 1870-71.

Voilà un titre sous lequel figureront les noms des nombreux combattants de la guerre franco-allemande. Quelques-uns de ces derniers ne sont plus ; mais beaucoup existent encore. Et c'est à l'obligeance de plusieurs d'entre eux que j'ai dû faire appel, pour me permettre d'établir les biographies ci-dessous. D'autres personnes, quoique n'ayant pas pris part à cette campagne, m'ont néanmoins fourni de très utiles indications. Je remercie vivement tous ceux qui, à un titre quelconque, me sont venus en aide.

CLASSE 1853

Claude Fayard, né à Montmelard, le 14 décembre 1833, fils de Baptiste Fayard et de Catherine Sivignon. N° du tirage au sort : 11.

A été incorporé au 32° de marche, dans l'armée de l'Est, à la suite de la levée des « vieux garçons ». A pris part aux combats livrés aux environs de Dijon.

Claude Fayard est mort à Montmelard, le 24 juin 1887, sans laisser de postérité. Il était resté célibataire.

CLASSE 1861

Claude Combier, né à Montmelard, le 14 mai 1841, fils de Jean-Claude Combier et de Benoîte Vouillon. N° du tirage au sort : 73.

Comme le précédent, a été incorporé à l'armée de l'Est et a assisté aux mêmes faits d'armes.

De son mariage avec Claudine Mercier a deux enfants : Pierre, cultivateur à Gibles, et une fille qui est mariée à un sieur Châtelet, originaire de Matour et actuellement cultivateur à Tancon. Claude Combier est également cultivateur ; il demeure à Coublanc.

François Morin, né à Montmelard, le 30 juillet 1841, fils de Philibert Morin et de Louise Canard. N° 6 du tirage au sort.

Comme soldat dans la Garde mobile, a fait partie de l'Armée de Dijon et a assisté aux combats livrés par cette dernière. Il exerce actuellement la profession de cultivateur au hameau de Charnay.

De son mariage avec Joséphine Jugnet, il a eu quatre enfants :

Fanny, mariée à Pierre Grandjean, cultivateur à la Brosse-Ronde, commune de Dompierre ; Marie, mariée à Jean-Louis Morin, cultivateur ;

François, célibataire, cultivateur ; Jules, également célibataire et cultivateur. Ces trois derniers enfants habitent Montmelard (hameau de Charnay).

CLASSE 1862

Jean-Claude Bauland, né à Gibles, le 29 septembre 1842, fils de Jacques Bauland et de Madeleine Labrosse. N° du tirage au sort : 71.

A fait partie de l'armée de l'Est et a assisté aux divers combats livrés à Dijon et aux environs de cette ville.

Jean-Claude Bauland exerce au bourg de Montmelard, la profession de menuisier. Il est célibataire.

CLASSE 1862

Jean-Marie Quelin, né à Montmelard, le 2 septembre 1842, fils de Jacques Quelin et de Philiberte Malatier. N° du tirage au sort : 18.

Ayant été rappelé au service comme célibataire, fit partie du 32ᵉ de marche, à l'armée de Dijon. A assisté comme les précédents combattants aux diverses batailles livrées par la dite armée, notamment à celle de Nuits.

Est mort deux ans après son retour au pays, des suites de ses fatigues endurées pendant la campagne. Les membres les plus rapprochés de sa famille sont ses deux neveux: Jacques Quelin, huissier à Crémieu (Isère), et Jean-Marie Quelin, cultivateur à Montmelard, lieu des Bruyères.

CLASSE 1863

Antoine Lardet, né à Montmelard, le 23 novembre 1843, fils de Mathieu Lardet et de Claudine-Angélique Thomas. N° de son tirage au sort : 55.

A été fait prisonnier avec l'armée de Sedan et emmené en captivité en Allemagne d'où il est rentré au bout de cinq mois, en compagnie de son camarade et compagnon d'armes, le sieur Carrette Benoît.

Antoine Lardet est décédé depuis une quinzaine d'années à Lyon, où il exerçait la profession de cordonnier. Il n'a pas laissé d'enfant. Sa sœur, Etiennette Lardet, est mariée à Jean Labrosse, rentier à Gibles.

Benoît Carrette, né à Varennes-sous-Dun en 1843, fils de François Carrette et de Marie Jomain. Il tira au sort à La Clayette.

Il fut fait prisonnier avec l'armée de Sedan et emmené en captivité en Allemagne où il séjourna dix mois. A eu quatorze enfants de ses deux épouses dont la seconde, Jeanne Bidault, habite avec lui à Vicelaire. Sur ces quatorze enfants, onze sont vivants. Un seul, Joanny, demeure à Montmelard.

Benoît Carrette n'est domicilié que depuis une dizaine d'années dans notre commune. Précédemment, il habitait celle de Gibles.

classe 1864

Claude Aucaigne, né à Colombier-en-Brionnais, le 26 mars 1844, fils de Jean Aucaigne et de Claudine Prost. N° de son tirage au sort : 89.

A été enrôlé dans la levée des «vieux garçons» et incorporé au 42ᵉ de marche (armée de l'Est) ; a pris part, ainsi que ses camarades de Montmelard, aux combats de Dijon et des environs.

De son mariage avec Françoise Chaintreuil, il a eu quatre enfants : Claude, Marie, Marie-Claudine et Madeleine, mariée à Pierre Fayard, menuisier à Sivignon. Les trois premiers habitent Paris.

Claude Aucaigne est décédé à Montmelard, le 5 décembre 1890.

Philibert Desbois, né le 6 mai 1844, à Montmelard, fils de Pierre Desbois et de Jeanne Prost. N° du tirage au sort : 43.

A été fait prisonnier à Sedan et a été emmené en captivité en Allemagne.

A épousé Marie Sivignon ; est actuellement cultivateur au lieu de Saint-Cyr. N'a pas d'enfant.

Jacques Fougeras, né à Montmelard, le 9 octobre 1844, fils de Pierre Fougeras et de Jeanne-Marie Cortambert. N° de son tirage au sort : 9.

A subi le sort de l'armée de Sedan et a, par conséquent, été emmené prisonnier en Allemagne.

A eu plusieurs enfants dont deux garçons. Est décédé à Montmelard en 1902. Sa veuve, Marie Corneloup, habite la commune de Trambly.

Benoît Genête, né à Ozolles, le 11 novembre 1844, fils de Claude Genête et de Marie Jandol. N° de son tirage au sort : 55.

Fait prisonnier à Sedan ; a subi sa captivité à Torgo-sur-l'Elbe avec ses camarades Augoyard et Vouillon dont on verra les noms plus loin. Est décédé depuis plus de vingt ans.

N'a actuellement qu'un enfant vivant et qui est vigneron dans le Beaujolais.

Jean-Marie Gelin, né à Montmelard, le 30 avril 1844, fils de Claude et de Jeanne Petit. N° de son tirage au sort : 35.

A également fait la campagne de 1870 et comme le précédent a été emmené prisonnier en Prusse. Est parti à Lyon en rentrant du régiment. Est décédé depuis longtemps.

Lapalus Benoit-Marie, né à Montmelard, le 24 avril 1844, fils de Jean et d'Etiennette Reboux.

Au tirage au sort de la classe 1864, a eu le plus haut numéro : 102. On appelait ce numéro le laurier.

En 1870-71, il a fait partie de la Garde mobile et a servi dans l'Armée de Dijon.

De son mariage avec Marie Reboux, il a eu deux enfants : Marie, mariée à Jean-Antoine Loison, cultivateur à Vauzelle, et Jean-Antoine, cultivateur aux Janauds. Est actuellement rentier au dit lieu des Janauds.

Moïse Joseph, né à Montmelard, le 20 juillet 1844, fils d'Antoine et de Jeanne-Marie Desroches. N° de son tirage au sort : 22.

Incorporé dans la garde mobile, il prit part, avec l'armée de Dijon, aux combats de Châteauneuf, de Nuits et de Dijon.

De retour au pays, il exerça à Dompierre la profession de charpentier. Il est actuellement rentier au hameau de Lafay, commune de Dompierre, où il demeure avec sa fille unique mariée au sieur Henri Guittat, cultivateur.

CLASSE 1865

Claude Morin, né à Montmelard, le 13 avril 1845, fils d'Etienne Morin et de Louise Gelin. N° du tirage au sort de la classe 1865 : 38.

Etait en 1870-71 au siège de Paris.

Est actuellement cultivateur au hameau de Charnay. Son épouse se nomme Joséphine Châtaigner.

Il n'a qu'une fille : Benoîte, mariée à Jean-Marie Savin, cultivateur à Nurux.

Reboux Jacques-Antoine, fils de Laurent Reboux et d'Elisabeth Guérin, né le 2 mai 1845. N° du tirage au sort : 76.

A pris part au siège de Paris comme membre de la Garde mobile de la capitale où il était alors ouvrier boulanger.

Sa veuve occupe pendant l'été une petite maison bourgeoise située à Dompierre-les-Ormes. Il n'a laissé qu'une fille, laquelle est institutrice en Angleterre.

Jean-Marie Moret, né à Montmelard, le 1ᵉʳ juin 1845, fils de Benoît Moret et de Claudine Fayard.

Comme soldat de la Garde mobile, il a pris part aux combats livrés par l'Armée de Dijon.

Est actuellement rentier au hameau des Bruyères et est resté célibataire.

A comme famille habitant Montmelard : une belle-sœur, Mme veuve Claude Moret, une nièce, Marie Moret, épouse de Joseph Sambardier, et un neveu, Joanny Moret, tous cultivateurs aux Bruyères.

CLASSE 1866

Benoît Gelin, né à Montmelard, le 31 mars 1846, fils de Claude-Marie Gelin et de Jeanne Petit. N° du tirage au sort : 33.

A fait partie de l'armée de l'Est, commandée par le général Bourbaki ; a assisté au combat de Villersexel livré le 9 janvier 1871 S'est réfugié en Suisse avec l'armée en déroute.

De sa première épouse, Jeanne Robergeon, il a eu quatre enfants : Marie-Louise, religieuse ; Claude Marie, cultivateur à Montmelard ; Maria, mariée à un sieur Cognard, cultivateur à Saint-Julien-de-Civry ; Marius, vigneron à Leynes. De sa seconde femme, Marie Léchère, il a eu six enfants : Clémentine, mariée à F. Villecourt, employé à l'Asile départemental, à Mâcon ; Perrine, mariée à un nommé Moissonnier, cafetier à Roanne ; Auguste, employé au dit Asile départemental ; Thérèse, mariée à un sieur Vallet, également employé à l'Asile départemental ; Louis, domestique à Martigny-le-Comte, et enfin Claudia, demeurant chez M. Bernillon, aux Janauds.

Benoît Gelin est mort en 1904, le 24 décembre.

Gelin François, né à Montmelard, le 1er août 1846, fils de Claude et de Benoîte Gâteau. N° de son tirage au sort : 12.

A servi dans la Garde mobile ainsi que Benoît Gelin.

A quitté Montmelard depuis sa rentrée du régiment.

Gelin Jean-Marie, né à Montmelard, le 24 juillet 1846, fils de Claude Gelin et de Jeanne-Marie Malatier. N° du tirage au sort : 82.

A fait partie de la Garde mobile. A son retour du service s'est établi à Lyon comme boulanger; a eu deux garçons et deux filles qui demeurent tous quatre dans la dite ville. Est décédé à Lyon, depuis un certain temps déjà.

Lapalus Jacques-Antoine, né à Montmelard, le 21 août 1846, fils de Jean Lapalus et d'Etiennette Reboux. N° du tirage au sort : 29.

A été fait prisonnier avec l'armée de Metz. A son retour, s'est placé dans une institution religieuse à Belley (Ain).

Large Jean-Claude, né à Montmelard, le 20 octobre 1846, fils de Denis Large et de Philiberte Lacoque. N° du tirage au sort : 62.

Il a plusieurs enfants et demeure actuellement à Saint-Symphorien-des-Bois, près de La Clayette, où il est cultivateur.

Thevenet Jean-Pierre, né à Montmelard, le 7 novembre 1846, fils de Claude et de Jeanne-Marie Besson. N° de son tirage au sort : 66.

A fait la campagne comme engagé volontaire.

Est décédé, il y a quelques années, à Saint-Sorlin, où il demeurait. A un fils, cultivateur à Matour.

CLASSE 1867

Braillon Jean-Claude, né à Montmelard, le 2 mai 1847, fils de Claude Braillon et d'Antoinette Sanlaville. N° du tirage au sort : 75.

Était exempt par son numéro ; mais comme tous les hommes valides de cette époque, même dispensés du service militaire, pour un motif ou pour un autre, il a été incorporé dans la Garde nationale mobile.

A assisté aux combats de Bagneux et de Montrouge, pendant le siège de Paris.

A épousé Marie-Louise Jacquet, de Varennes-sous-Dun, de laquelle il a eu quatre enfants : Claude-Marie, forgeron au bourg de Montmelard ; Joséphine-Antoinette, décédée le 1ᵉʳ janvier 1907 ; Maria, institutrice privée à Matour ; Charles, cultivateur à Longuebise et Marie-Louise demeurant avec ses parents.

Jean-Claude Braillon, ancien forgeron, exerce actuellement la profession de cultivateur au bourg de Montmelard.

Pierre Corneloup, né le 3 octobre 1847, à Montmelard, fils de Jacques Corneloup et de Jeanne-Marie Fougeras. N° de son tirage au sort : 57.

A été incorporé dans la Garde mobile et a pris part aux combats livrés pendant le siège de Paris.

De son épouse, Marie Nesme, a eu deux enfants : Jacques, avoué à Sancerre, et Jean-Marie, médecin à Grenoble.

Après avoir exercé, à Montmelard, les professions de marchand épicier et grenetier, Pierre Corneloup est actuellement rentier au bourg.

Claude Fougeras, né à Montmelard, le 14 novembre 1847, fils de Pierre Fougeras et de Jeanne-Marie Cortambert. N° de son tirage au sort : 73.

A également fait partie de la Garde mobile au cours de la campagne 1870-71.

De son épouse, Jeanne-Marie Châtaigner, a eu cinq enfants : Pierrette, mariée à Antoine Carette, facteur à Mâcon ; Pierre-Marie, cultivateur à Trambly ; Marie, mariée à François Faivre, cultivateur à Trivy ; Marius et Félix (jumeaux), tous deux cultivateurs à Montmelard.

Claude Fougeras est décédé le 9 janvier 1905.

Jean-Claude Gelin, né à Montmelard, le 3 novembre 1847, fils de Claude Gelin et de Jeanne-Marie Malatier. N° de son tirage au sort : 56.

A été incorporé dans la Garde mobile.

Est décédé à Paris, depuis quelques années, où il tenait un restaurant.

Nesme Claude-Marie, né à Montmelard, le 5 septembre 1847, fils de Benoît Nesme et de Jeanne-Marie Roberjon. N° du tirage au sort : 2.

A pris part au siège de Paris en qualité de membre de la Garde mobile ; a assisté aux divers combats livrés aux assiégeants.

De son épouse, Marie-Louise Corneloup, a eu trois enfants : Agathe, mariée à Pierre Villecourt, conducteur de la voie au P.-L.-M. à Paris; Jacques, notaire à Matour, et Auguste, huissier à Charolles.

Claude-Marie Nesme, autrefois cultivateur, est actuellement rentier, près la gare de Montmelard.

Pierre Prost, né à Montmelard, le 18 décembre 1847, fils de Joseph Prost et de Marguerite Aupècle. N° de son tirage au sort : 95.

A fait partie de la Garde mobile. Est décédé à Montmelard, il y a une vingtaine d'années ; n'a pas laissé de postérité.

Etienne Thomas, né à Montmelard, le 4 août 1847, fils de Jean Thomas et de Anne Chavot. N° de son tirage au sort : 34.

A été blessé à Gravelotte et emmené en captivité en Allemagne.

A quitté la commune depuis longtemps.

A eu cinq filles : l'une demeure à Chauffailles et une autre à Vougy, près de Roanne.

Claude Vauzelle, né à Montmelard, le 18 août 1847, fils de Jean-Pierre Vauzelle et de Jeanne-Marie Sivignon. N° de son tirage au sort : 69.

Est décédé depuis une dizaine d'années, à Sologny. A eu quatre enfants, dont trois garçons et une fille.

CLASSE 1868

Jeandard Jean-Jacques, né à Montmelard, le 6 mars 1848, fils de Jacques Jeandard et de Claudine Lardy. N° de son tirage au sort : 14.

A fait partie de l'armée commandée par Garibaldi ; fut fait prisonnier aux environs de Dijon et emmené en captivité à Dresde, en Allemagne, où il resta trois mois.

De son mariage avec Jeanne Dargaud, il a eu trois enfants : Jean-Claude, cultivateur, demeurant avec lui, au lieu de la Grand'Combe ; Pierrette, mariée à Benoît Bacot, cultivateur au Tronchat ; Marie, mariée à Jean-Marie Buisson, cultivateur à Gibles. Il est actuellement cultivateur au hameau de la Grand'Combe.

Pierre Genête, né à Montmelard, le 29 septembre 1848, fils de Claude Genête et de Marie Jandot. N° de son tirage au sort : 47.

Enrôlé dans la Garde mobile, a fait partie de l'armée de l'Est.

De son mariage avec Marie Chemarin, il a eu deux enfants : Marie, mariée à Louis-Marie Marin, menuisier à Ozolles, et Claude-Marie, cultivateur à Berzé-le-Châtel.

Pierre Genête exerce les professions de sabotier et de cultivateur au hameau de Charnay.

Jean-Louis Laroche, né à Montmelard, le 7 juin 1848, fils de Pierre-Marie Laroche et de Marie Michon. N° de son tirage au sort : 35.

Est mort au régiment des suites de ses fatigues

endurées pendant la guerre. Saluons sa mémoire !

Pierre-Marie Marin, appelé familièrement Cadet Marin, né à Montmelard, le 7 décembre 1848, fils de Jean-Marie Marin et de Benoîte Laroche. N° du tirage au sort : 58.

A combattu avec l'armée de Metz où il fut fait prisonnier et emmené en captivité en Allemagne.

De son mariage avec Maria Guilloux, a eu deux enfants : Pierre, qui, à la suite d'un congé de 15 ans aux colonies, a été nommé commissaire de police, et Antoine, courtier en vins, domicilié à Lyon.

P.-M. Marin, après avoir exercé la profession de boulanger à Lyon, s'est retiré comme rentier à Dompierre-les-Ormes, où il demeure actuellement.

Pierre Lévite, né le 2 septembre 1848, à Montmelard, fils de Claude Lévite et de Aimée Tardy. N° du tirage au sort : 1 (on désignait ce numéro sous le nom de bidet).

A été fait prisonnier et emmené en Allemagne. Depuis longtemps, Lévite a quitté Montmelard. Il exerce la profession de maçon à Sevelinge (Rhône).

Louis Thomas, né à Montmelard, le 24 novembre 1848, fils de Benoît Thomas et de Claudine Lapalus. A servi dans la Garde mobile, pendant le siège de Paris.

Est décédé à Roanne, il y a environ deux ans. Il y exerçait le métier de maçon.

Comme descendance, n'a laissé qu'une fille.

Jean-Jacques Guillin, né à Montmelard, le 21 octobre 1848, fils de Jean-Marie Guillin et de Louise Corneloup. N° du tirage au sort : 61.

A servi dans la Garde mobile, pendant le siège de Paris.

De son mariage avec Antoinette Malatier, il a eu trois enfants : Louis, Dominique et Marius, tous trois aides-pharmaciens. Est décédé à Mâcon, en 1913.

Pierre Quelin, né à Montmelard, le 13 mars 1848, fils de Jacques Quelin et de Philiberte Malatier. N° de son tirage au sort : 92.

A été incorporé **dans la Garde** mobile.

De son mariage avec Jeanne Sambardier, n'a eu qu'une fille décédée à 20 ans environ.

Est mort tout récemment (22 octobre 1913), à Montmelard, lieu des Bruyères, où il exerçait la profession de cultivateur.

Jean-Louis Vouillon, né à Montmelard, le 3 février 1848, fils de Pierre et de Philiberte Malatier. N° de son tirage au sort : 33.

A servi dans la Garde mobile, au siège de Paris. Il a rapporté, en rentrant du régiment, un fusil allemand dont il s'était emparé au combat de Champigny.

A exercé la profession d'épicier à Beaujeu où il est décédé il y a trois ans.

A eu quatre enfants : Marthe, mariée à un sieur Cinquin, demeurant à Beaujeu ; Jules, épicier au même lieu, Maria et Pierre décédés.

Benoît Thomassot, né à Montmelard, le 4 juin 1848, fils d'Antoine Thomassot et de Marie Vouillon. N° du tirage au sort : 90.

A été fait prisonnier et emmené en Saxe.

S'est retiré à Gibles après avoir été employé au P.-L.-M.

A eu deux filles dont l'une est mariée à un employé de chemin de fer.

CLASSE 1869

Benoît Alloin, né à Montmelard, le 26 octobre 1849, fils de Benoît Alloin et de Philiberte Lacoque. N° du tirage au sort : 109.

A servi dans la Garde mobile (armée de l'Est); s'est réfugié en Suisse avec les débris de son armée en déroute.

A exercé la profession de cultivateur au lieu de Polcy où il est décédé en 1909 et où son fils Jean-Marie lui a succédé dans la ferme qu'il exploitait.

A eu cinq enfants : Antoinette dite Antonine, et Claudine, mariées réciproquement à chacun des deux frères, Jean-Marie et Claude-Marie Balligand ; Jean-Marie (celui qui cultive actuellement la ferme de Polcy) ; Marie-Claudine, mariée à Claude-Marie Jomain, cultivateur à Vauzelles ; Jeanne-Marie, mariée à François Dufour, cultivateur à Ozolles, et Claudia, qui demeure actuellement avec sa mère et son frère.

Benoît Alloin avait épousé Marie Janiaud, en 1875.

Philibert Augoyard, né le 21 avril 1849, à Dompierre-les-Ormes, fils de Benoît Augoyard et de Jeanne-Marie Dargaud. A tiré au sort à Montmelard et a eu le n° 42.

A été fait prisonnier et emmené en captivité à Torgo-sur-l'Elbe.

Par suite d'une blessure reçue sur le champ de

bataille, il obtint après sa libération, le bureau de tabac de notre commune.

Il demeure actuellement à Pierreclos et a cinq enfants vivants ; aucun d'eux n'habite Montmelard.

Simon Desbois, né à Montmelard, le 1er octobre 1849, fils de Pierre Desbois et de Jeanne Prost. N° du tirage au sort : 80.

A fait partie de l'armée de l'Est en qualité de garde mobile ; s'est réfugié en Suisse avec ses compagnons d'armes.

Est actuellement garde champêtre de Montmelard, depuis l'année 1890.

De son mariage avec Pierrette Sambardier, a eu cinq enfants : Pierre, boulanger à Lyon ; Joséphine, mariée à un sieur Lamure, mineur à La Chapelle-sous-Dun ; Jean-Claude, boulanger à Paris ; Joseph, boucher à La Clayette, et Maria, domestique à Lyon.

Pierre Gelin, né à Montmelard, le 19 mai 1849, fils de Jean Gelin et de Marguerite Vallet. N° de son tirage au sort : 85.

A été employé au P.-L.-M. ; deux de ses enfants, sur les sept qu'il a eus, y sont également employés.

Est mort à Lyon, il y a environ trois ans.
A fait la campagne comme garde mobile.

Benoît Petit, né à Montmelard, le 21 janvier 1849, fils de Pierre Petit et de Jeanne Villecourt. N° de son tirage au sort : 30.

A été incorporé dans la Garde mobile pendant le cours de la campagne et a servi dans l'armée de Dijon.

De son mariage avec Marie-Benoîte Malatier, il a eu trois enfants, dont deux sont actuellement vivants : Jeanne, institutrice privée à Saint-Christophe-en-Brionnais, et Dominique, pharmacien à Lamure-sur-Azergue (Rhône).

Benoît Petit a exercé les professions de cultivateur et de maçon. Il demeure en ce moment au bourg de Montmelard.

Claude-Antoine Philibert, né à Montmelard, le 31 mars 1849, fils de Pierre-Marie Philibert et de Claudine Vouillon. N° du tirage au sort : 48.

Comme membre de la Garde mobile, a été au siège de Paris.

De son mariage avec Jeanne-Marie Comte, de Varennes-sous-Dun, il a eu deux enfants : Claudia, mariée à Félix Clément, régisseur au château de Drée, commune de Curbigny ; Marie, mariée à un sieur Devillard, cultivateur à Colombier-en-Brionnais.

Claude-Antoine Philibert a exercé la profession de cultivateur au lieu de Vicelaire. Il y demeure actuellement comme rentier.

Jean Reboux, né à Dompierre-les-Ormes, le 17 mai 1849, fils de Laurent Reboux et d'Elisabeth Guérin. N° de son tirage au sort : 57.

A servi dans l'armée de la Loire, sous le commandement du général Chanzy.

Est mort au mois de novembre 1870, des suites de la campagne. N'a pas laissé de postérité.

Jacques Reboux, né à Montmelard, le 13 juin 1849, fils de Benoît Reboux et de Jeanne Lapalus. N° de son tirage au sort : 93.

De son mariage avec Jeanne Reboux, a eu trois enfants : Joanny, domicilié à Lyon ; Claudius, charron-forgeron aux Janauds et un troisième nommé Jean, décédé à l'âge de 20 ans.

Jacques Reboux, qui a exercé la profession de cultivateur au lieu des Janauds, est actuellement rentier au hameau de la Forêt, commune de Dompierre.

Il a servi dans l'armée de l'Est, en qualité de membre de la Garde mobile.

Claude Sivignon, né à Montmelard, le 27 mars 1849, fils de Jean-Marie Sivignon et de Marie Dufour. N° de son tirage au sort : 24.

A fait partie de l'armée de la Loire ; il fut fait prisonnier près d'Orléans et emmené en captivité à Posen (Allemagne), où il séjourna pendant neuf mois.

D'un premier mariage avec Marie Desroches, il eut un fils, nommé Jean-Marie, qui est cultivateur à Saint-Pierre-le-Vieux.

De son second mariage avec Marie Villecourt, il a eu sept enfants, savoir : Françoise, mariée à Jean-Marie Marin, maçon à Saint-Léger-sous-la-Bussière ; Philibert, cultivateur à Montmelard et avec lequel il demeure ; Jacques, mort au service en 1906 ; Antoine, cultivateur à Curbigny ; Louis, cultivateur au même lieu ; Claude-Marie, boulanger à Paris, et enfin Raymond, soldat aux chasseurs à cheval, à Auxonne.

Claude Sivignon continue de cultiver la terre en compagnie de son fils Philibert, ci-dessus désigné.

Pierre Vouillon, né à Montmelard, le 21 mars 1849, fils de Philibert Vouillon et d'Etiennette Perrat. N° de son tirage au sort : 39.

Pendant la campagne de 1870-71, il fut fait prisonnier avec l'armée de Sedan et emmené en captivité à Torgo-sur-l'Elbe où il resta 9 mois.

Il termina son congé au 3° régiment de zouaves, à Constantine.

Est actuellement cultivateur à Gibles.

De son mariage avec Mariette Chevalier, il a eu deux enfants : François, cultivateur au dit lieu de Gibles, et Marie, qui est mariée à un sieur Dury, cultivateur à Matour.

Je tiens ces renseignements du sieur Benoît Vouillon, quincaillier au bourg de Montmelard, frère de cet ancien combattant.

CLASSE 1870

Louis Bonin, né le 11 juin 1850, fils de Claude et de Marie Prost. N° du tirage au sort : 97.

Après avoir pris part à la campagne, a exercé la profession de boulanger, à Paris, où il est décédé.

N'a pas laissé de postérité.

Antoine Corneloup, né à Verosvres, le 18 juillet 1850, fils de Guillaume Corneloup et de Jeanne Michel. N° de son tirage au sort : 59.

Après la campagne et son service terminé, il

a exercé la profession de gendarme à Chauffailles, puis à Montceau-les-Mines. A eu deux enfants dont aucun n'habite Montmelard. Est décédé.

Antoine Jeandard, né à Montmelard, le 27 janvier 1850, fils de Jacques Jeandard et de Claudine Lardy. N° de son tirage au sort : 81.

A servi pendant la campagne, dans l'armée de l'Est, au 13ᵉ de ligne.

De son mariage avec Jeanne Thevenet, a eu un fils nommé Jacques, qui est actuellement jardinier-fleuriste à Buxy.

Antoine Jeandard a été pendant trente ans garde-chef particulier du comte de Rambuteau. Est actuellement rentier à Montmelard, lieu des Bruyères.

Jean-Marie Prost, né à Montmelard, le 14 juin 1850, fils de Joseph Prost et de Marguerite Aupècle. N° de son tirage au sort : 69.

A fait la campagne dans l'armée de la Loire.

Après son service, a été boulanger, puis mineur à Montceau-les-Mines. Est mort célibataire.

Claude Thomas, né à Montmelard, le 6 mai 1850, fils de Claude Thomas et de Claudine Léchère. N° de son tirage au sort : 68.

A servi pendant la campagne, dans l'armée de l'Est.

De son mariage avec Jeanne-Marie Dussauge, il a eu trois enfants : Claude-Marie, cultivateur au lieu des Grands-Vernays ; Louis, cultivateur et aubergiste à Longverne ; Marie, mariée à Jean-Marie Terrier, aubergiste et maquignon à Matour.

L'aîné, Claude-Marie, a servi en Algérie ; son livret mentionne deux campagnes. De son mariage avec Joséphine Dussauge, il a actuellement deux filles : Marie et Claudia.

Claude Thomas père, après avoir exercé la profession de cultivateur à Montmelard, est en ce moment rentier au hameau de Longverne.

Claude Vouillon naquit dans notre commune, le 20 mars 1850. Il était fils de Laurent Vouillon et de Claudine Vermorel. N° du tirage au sort : 77.

Il quitta son pays le 4 septembre 1870, pour aller rejoindre son corps à l'armée de la Loire.

Sur le point d'être fait prisonnier, il dut, pour se dégager, abandonner son sac et son fusil.

Equipé à nouveau, il devait quatre jours plus tard, trouver la mort au combat de Vendôme.

Voici dans quelles conditions :

Envoyé en éclaireur pour observer les mouvements des Prussiens, il marchait à plat ventre, dans la direction de l'ennemi ; quand, se redressant un peu pour mieux voir ce qui se passait autour de lui, il reçut un éclat d'obus qui lui emporta une partie de la tête.

Se relevant alors brusquement, il fit quelques pas en chancelant et tomba pour toujours sur le champ d'honneur !

Après la bataille, on ramassa ce brave au milieu d'une mare de sang !...

Conservons la mémoire de cet enfant du pays! Et s'il le faut, mourons à notre tour, pour la défense de la patrie !

C'est par cette biographie exemplaire que je termine le chapitre des anciens combattants de Montmelard.

13 décembre 1913.

Conseil général
et Conseil d'arrondissement.

Les membres composant ces deux Assemblées sont élus pour une période de six ans et sont renouvelables par moitié tous les trois ans.

Par suite d'une disposition administrative, les élections au Conseil général et au Conseil d'arrondissement n'ont jamais lieu la même année et pour le même canton, à moins de circonstances exceptionnelles.

Ces élections sont régies par les lois de 1833, de 1871 et de 1892.

Ordre d'ancienneté de nomination de nos deux représentants cantonaux (dernières élections seulement).

M. E. Lacharme, négociant et maire à Trivy, a été réélu au Conseil d'arrondissement et sans concurrent, le 24 juillet 1910.

M. le docteur Graz, maire à Dompierre-les-Ormes, a été réélu au Conseil général, également sans concurrent, le 3 août 1913.

Voici pour notre commune, les résultats concernant ces deux élections :

SCRUTIN DU 24 JUILLET 1910.

Candidat : M. Lacharme, conseiller d'arrondissement sortant.

Inscrits : 310 électeurs ; *votants* : 161.
M. Lacharme a obtenu : 149 suffrages.
Divers et bulletins nuls : 8.

SCRUTIN DU 3 AOUT 1913.

Candidat : M. le docteur Graz, conseiller général sortant.

Inscrits : 311 électeurs ; *votants* : 221.
M. Graz a obtenu : 210 suffrages.
Divers et bulletins nuls : 11.

NOTA. — D'après ce qui précède, on voit que pour notre canton, la prochaine élection du Conseiller d'arrondissement aura lieu en août ou juillet 1916 et celle du Conseiller général, en août ou juillet 1919.

Projet d'association mutuelle

Contre la mortalité et la maladie des animaux de l'espèce bovine.

Mes fonctions de secrétaire de mairie m'ont malheureusement mis souvent en présence de cultivateurs désolés des pertes répétées qu'ils venaient d'éprouver sur leur bétail et pour lesquelles, ils me chargeaient d'établir une demande de secours.

A cette occasion, il a été question, à diverses reprises, des avantages qui résulteraient de l'existence dans la région ou même dans notre commune, d'une *Société de Mutuelle-Bétail.*

Jusque-là, aucune formation n'a eu lieu. Mais il n'est jamais trop tard pour bien faire. Quelques personnes résolues n'ont qu'à s'entendre un beau jour pour jeter les fondements d'une association et pour chercher ensuite, par une active propagande, à accroître leur nombre, le plus possible.

Les secours individuels actuellement accordés par l'Etat ne dépassent jamais le chiffre de 5 pour 100 des pertes ; et très souvent, ils sont inférieurs à ce taux.

C'est, selon une expression en faveur, une véritable poussière de secours.

L'Administration supérieure préfère, et avec raison, car l'argent donné est mieux réparti, accorder d'assez larges subventions aux Sociétés mutuelles régulièrement constituées. Ces dernières peuvent également, en cas de nombreux sinistres survenus au cours d'une même année, recevoir les secours pécuniaires d'une Fédération de Mutuelles.

Pour qu'une Société bénéficie de ce dernier avantage, il lui suffit de verser à la caisse de la Fédération, une cotisation générale en rapport avec le nombre de ses propres adhérents.

Outre les secours de l'Etat et des Fédérations, les Mutuelles-Bétail peuvent encore augmenter leurs ressources par les cotisations des membres honoraires et les subventions de leurs communes respectives.

Cet ensemble de subsides permet généralement de rembourser aux sinistrés, sinon la totalité de leurs pertes, du moins une bonne partie.

Ainsi, un propriétaire ou fermier perd deux vaches valant ensemble environ 1,000 francs.

Eh bien, tandis qu'une Mutuelle lui versera une somme de 800 à 900 francs et peut-être davantage, il ne recevra de l'Etat, à titre de secours individuel, que 40 à 50 francs au plus.

Et encore lui faudra-t-il justifier sa qualité de nécessiteux par la production d'un certificat spécial et d'un extrait de ses contributions.

Pour peu que sa feuille d'impôts soit trop élevée et lors même que ses biens seraient chargés de dettes, le cultivateur réclamant n'aura droit à aucun secours.

Il n'y a donc pas à hésiter plus longtemps.

Associez-vous, mes amis, unissez vos efforts, riches et pauvres.

Et, selon le vœu et la pensée de l'un de nos poètes,

> La charge de vos maux en sera plus légère.

Fondez une, deux et même plusieurs associations mutuelles : Mutuelle-bétail, Mutuelle-incendie et Mutuelle proprement dite pour vous-mêmes, en cas de maladie et de décès.

Tant qu'un chef de famille est en bonne santé et qu'il ne lui survient pas de calamités, il peut, s'il est laborieux et économe, suffire à ses besoins.

Mais que l'adversité vienne à s'abattre sur son toit, sous une forme ou sous une autre, il éprouvera aussitôt un préjudice cruel et parfois irréparable.

C'en est fait de son avenir et parfois de celui de sa famille, s'il n'est pas favorisé de la fortune!

Heureusement, l'œuvre de la Mutualité empêche, dans une très notable mesure, ces sortes de catastrophes : elle panse les blessures et permet aux plaies de se cicatriser.

Elle offre encore un avantage on ne peut plus précieux, et qui rentre absolument dans la pensée générale de cet ouvrage. Le voici :

Le fonctionnement des Sociétés mutuelles, quelles qu'elles soient, occasionne des contacts, des groupements de personnes d'opinions différentes, mais qui seront heureuses de s'entendre parfaitement sur le terrain fécond de l'union cordiale et de la fraternité.

D'autre part, les assemblées de sociétaires, soit pour une réunion, soit pour tout autre objet, contribuent à rendre la vie champêtre plus agréable, plus sociable, moins monotone. C'est donc, à n'en pas douter, un moyen de plus et un moyen efficace à employer pour lutter contre la désertion des campagnes, véritable fléau, aussi dangereux que toutes les épidémies.

En vue d'encourager, dans la mesure du possible, la formation de ces liens de solidarité humaine qui rendent l'existence à la fois plus supportable, plus attrayante et plus utile, j'ai tenu non seulement à développer rapidement les quelques considérations qui précèdent, mais encore à en faciliter l'application matérielle.

A cet effet, je me suis adressé au Ministère de l'Agriculture ainsi qu'à un ami très au courant de la vie mutualiste. Et, c'est parmi les feuillets des manuels que j'ai reçus et les renseignements qu'on m'a donnés, que j'ai extrait les articles dont je donne ci-dessous le détail.

Association mutuelle contre la mortalité et la maladie des animaux de l'espèce bovine.

CONSTITUTION

Article premier. — Les soussignés forment entre eux une Société de secours mutuels contre les pertes occasionnées, soit par la mortalité des animaux énumérés à l'article 3, soit par des accidents graves qui pourraient leur survenir et qui entraîneraient un abattage forcé.

Art. 2. — Toutes les personnes qui voudraient s'adjoindre, dans l'avenir, aux contractants, le feront par simple acte d'adhésion devant le président de la Société assisté de deux commissaires ou syndics. Ils signeront au registre les présents statuts.

Art. 3. — Les animaux de l'espèce bovine seront seuls compris dans l'assurance, à partir de l'âge de trois ans. (Ce chiffre de trois ans est essentiellement variable.)

Art. 4. — L'administration de la Société est confiée à un bureau composé d'un président, d'un vice-président, d'un secrétaire-trésorier et de dix ou quinze commissaires ou syndics. (Ce dernier nombre varie avec l'importance et l'étendue de chaque commune.)

Certaines Sociétés ont trois syndics par hameau.

Art. 5. — Le président représente la Société dans toutes les relations extérieures ; il peut exercer les poursuites qui deviendront nécessaires contre tout sociétaire qui ne s'acquitterait pas de ses obligations envers la Société. Le président signe les mandats et les livrets, revêt de son visa toutes les pièces de comptabilité, porte son contrôle et ses investigations dans tous les détails de l'administration. Il est élu pour un an par l'assemblée générale. Il est rééligible.

Art. 6. — Le vice-président remplacera le président, en cas de démission ou d'absence, dans toutes les attributions qui lui sont dévolues par l'article précédent, jusqu'à la première assemblée générale.

DES SYNDICS

Art. 7. — Les syndics auront pour mission :

1° De procéder aux estimations des animaux tous les semestres et de procéder également à l'évaluation des pertes ;

2° D'aider le président dans tous les détails de l'administration.

Ils seront nommés en assemblée générale pour une durée d'une année.

DU SECRÉTAIRE-TRÉSORIER

Art. 8. — Le secrétaire-trésorier est nommé par le bureau pour un an.

Il recevra des sociétaires les cotisations et droits d'entrée, encaissera toutes les sommes provenant de la vente des animaux pris en charge par la Société ; il remettra aux sinistrés le montant de l'indemnité qui leur sera allouée.

ÉVALUATION DES ANIMAUX ASSURÉS

Art. 9. — Tous les six mois, les commissions de quartiers procèdent à l'estimation du bétail de chaque adhérent dont le résultat est consigné sur un cahier spécial. Les divers cahiers rapportés au secrétaire permettent de dresser aussitôt un état estimatif d'ensemble sur le vu duquel les cotisations semestrielles sont calculées et payées en assemblée générale, deux fois par an.

Art. 10. — Chaque fois qu'un changement a lieu dans une étable, pendant l'intervalle des estimations semestrielles, l'intéressé est tenu d'en faire la déclaration afin qu'on puisse procéder à l'expertise de l'animal acheté. Car il n'y a de payés, en cas de mortalité, que les sujets évalués et enregistrés sur les cahiers d'estimation.

Art. 11. — Quand un animal paraît malade, le propriétaire de ce dernier en avertit son président de quartier et les mesures de soins jugées nécessaires sont prises d'un commun accord.

Si l'animal vient à succomber, la Société, en présence de l'estimation existante, paye les trois quarts ou les quatre cinquièmes de l'évaluation. La vente provenant du cuir ou des autres parties de l'animal vient en déduction de l'indemnité accordée.

Le paiement de cette indemnité a lieu d'après l'estimation semestrielle et non sur la valeur de l'animal au moment de sa mort.

Art. 12. — Les frais de maladie (remèdes et visites du vétérinaire) sont supportés moitié par les assurés et moitié par la Société.

Art. 13. — Sur déclaration préalable, la Société garantit les veaux dans le sein de leur mère. Un droit de 1 franc est alors perçu. Et, en cas d'accouchement prématuré ou de mort pendant les huit jours de la naissance, l'indemnité est fixée à 25 francs.

COTISATIONS — FONDS DE RÉSERVE

Art. 14. — Un fonds de réserve est créé pour les divers besoins de la Société. Il se composera :

1° D'une cotisation semestrielle de 0 fr. 30 par 100 francs d'estimation, soit 0 fr. 60 par an ;

2° Du produit des droits d'entrée versés par chaque sociétaire en entrant dans la Société (environ 2 francs à 2 fr. 50) ;

3° Du produit des amendes ;

4° Des dons et de toutes sommes recouvrées en dehors des cas prévus par le règlement ;

5° Des subventions communales, départementales, fédératives et de l'Etat.

C'est sur ce fonds de réserve que se prélèveront les indemnités à accorder en cas de sinistres et de maladies ainsi que les divers frais occasionnés par le fonctionnement de la Société.

Art. 15. — Les sinistres seront réglés dans le courant du mois qui suit la perte ou en assemblée générale si la date concorde avec ce délai.

Art. 16. — Tout sociétaire qui ne se conformera pas au règlement sera exclu de la Société.

Art. 17. — Si des modifications aux statuts paraissent nécessaires, elles seront valables lorsqu'elles auront été adoptées par la majorité des sociétaires réunis en assemblée générale.

NOTA. — Ainsi qu'on vient de le voir, les dispositions qui précèdent ne concernent que l'espèce bovine. Mais il sera toujours loisible d'y comprendre d'autres animaux, tels que les porcs et les moutons, par exemple.

Il y aurait toutefois à craindre que cette adjonction de bétail entraînât un peu de complication et un surcroît de besogne, tant pour l'estimation des animaux que pour le règlement des sinistres.

Il serait peut-être préférable, pour les débuts d'une Société, de s'en tenir à l'espèce bovine, chez laquelle, d'ailleurs, les pertes sont surtout les plus dures à supporter.

Mais ceci est affaire d'appréciation par des personnes plus compétentes que moi en la matière, c'est-à-dire par les intéressés eux-mêmes, auxquels je souhaite, pour terminer, courage et bonne chance dans leur œuvre de mutualité.

L'esprit du passé et du présent

Ou mélange de devinettes anciennes et modernes

....

Les questions ci-dessous sont écrites en patois. Quant aux réponses, on les trouvera plus bas, en français ; mais on est prié de n'y avoir recours qu'après avoir *mûrement réfléchi* aux questions posées.

1. Qué différence yati entr' in dzudze é in escayé ?

2. Qui qué toudzo au coutre et qui qué toudzo môyi ?

3. Quidon qué tô rayi et qu' na pa zu in cô de tsérue ?

4. In tsvô é attatsi à in meur é ô parte. De qué pi qô lé parti ?

5. Qui boué son sang é que mandze ses bôyaux ?

6. Qui que porte enne poutre é ne pou pas porter enne épinye ?

7. Qui qu'euvre la boutse quen son maître dreme ?

8. Quatre feyes se côrrent toudzo apré é ne poyant pas s'appondre ?

9. Qué différence quia entre in corsé et in soldat ?

10. Qui que monte dsu in pientsi é qu' n'en pou pa rdéssendre ?

11. Quen qu'enne vatse chimbe à enne cârte à dzoué ?

12. Qu'ment qu' nous fé pe fére aboyer in tsat ?

13. A cause quin éléfan martse les zieux fremés ?

14. Qui qu' na ni viande ni ôs, et qua quatre dâ et in pousse ?

15. A cause que te da bié émé la chicorée ?

16. Deux péres et deux guéçons sont à la tsésse ; y tuant tra yévres. Qu'ment qui farant pen nava tsaquin in ?

17. Quique pou passé la rvire en pyin midi sans zi fére va son ombre ?

RÉPONSES

1. Le juge fait lever la main, et l'escalier fait lever le pied.

2. C'est la langue.

3. Le toit de la maison.

4. Il part du pied du mur.

5. C'est la lampe.

6. L'eau de la rivière.

7. Son sabot.

8. Ce sont les quatre roues d'une voiture.

9. Le soldat sert la France, et le corset *serre* la taille.

10. L'œuf que la poule y va pondre.

11. Quand elle est lasse de trèfle (*l'as de trèfle*).

12. On lui donne une tasse de lait ; il la boit (*il aboie*).

13. Parce qu'il a défenses d'ivoire (*défense d'y voir*).

14. C'est le gant.

15. Parce qu'elle est amère (*la mère*).

16. Il n'y a que trois hommes dans les deux pères et les deux fils. En effet, le plus ancien est père du second et ce dernier est père du troisième.

17. C'est le son des cloches.

Voici pour terminer ce petit chapitre, deux dernières devinettes suivies de leurs réponses immédiates :

— Pourquoi la France et l'Angleterre vivent-elles en bonne amitié ?

— *Parce qu'elles se tiennent par la « Manche ».*

— Quelles sont les quatre villes dont les noms forment ensemble le nombre 20 ?

— *Troie — Foix — Cette — Autun.*

Tableau de tous les Chefs de ménage
existant au moment où le présent livre a été terminé.

NOTA. — Pour les doubles noms, le premier représente celui du mari : le second, celui de l'épouse. Les dates de naissance sont celles qui ont été fournies, lors du dernier recensement de la population, en 1911. Ce sont celles des chefs de maison.

NOM PATRONYMIQUE.	Profession.	Naissance.	Lieu de résidence.
Gelin-Corneloup	cultivateur	1874	La Garenne
Cureau	curé	1875	Bourg
Terrier-Moury	charpentier	1884	—
Terrier-Dupuy	épicier	1854	—
Roux-Rollier	instituteur	1863	—
Corneloup-Nesme	rentier	1847	—
Vouillon-Vézant	quincaillier	1854	—
Morel-Lapalus	sabotier	1861	—
Vve Chemarin-Beney	cultivatrice	1836	—
Morin-Petit	forger.-aubergiste	1877	—
Bonin-Petit	domestique	1887	—

NOM PATRONYMIQUE.	Profession.	Naissance.	Lieu de résidence.
Thomas-Terrier	facteur à Gibles	1888	Bourg
Mlle Guillet	institutrice	1886	—
Mlle Suchet	—	1890	—
Terrier fils	charpentier	1886	—
Mlle Belin	dentellière	1875	—
Prost-Ducrot	boulang.-hôtelier	1889	—
Vve Prost-Desperrier	rentière	1862	—
Vézant-Auclair	hôtelier	1880	—
Vézant-Thomas	rentier	1851	—
Vézant-Augoyard	épicier-coquetier	1883	—
Thomas-Dury	rentier	1828	—
Chapuis-Collas	facteur-receveur	1877	—
Briand-Nuzillet	facteur rural	1884	—
Nuzillet-Petit	charron	1863	—
Vve Quelin-Milly	rentière	1848	—
Mlle Copier	institutr. privée	1857	—
Chanut-Vouillon	fabricant d'huile	1875	—
Vve Fayard-Braillon	rentière	1843	—
Vve Murard-Lathuillère	—	1848	—
Labrosse-Dumont	rentier	1850	—
Desbois-Murard	—	1852	—
Lapalus-Bajard	cultivateur	1870	—
Villecourt-Jandot	—	1859	—

NOM PATRONYMIQUE.	Profession.	Naissance.	Lieu de résidence.
Marin-Malatier	maçon	1854	Bourg
Troncy-Large	tailleur	1881	—
Jérôme-Lapalus	forgeron	1871	—
Duclairoir-Large	poseur au P.-L.-M.	1886	—
Bauland, J.-Claude	menuisier	1842	—
Bauland-Mathieu	tisserand	1824	la Chure
Vve Bajard-Troncy	rentière	1847	Bourg
Vve Barraud-Tardy	—	1832	—
Braillon-Alloin	forgeron	1875	—
Braillon-Jacquet	cultivateur	1847	—
Large-Bauland	tailleur	1855	—
Bonnetain-Terrier	cultivateur	1880	—
Marin, J.-Marie	—	1845	—
Guillin-Malatier	épicier	1851	—
Petit-Charcosset	sabotier	1857	—
Vve Hussard-Bauland	couturière	1850	—
Malatier-Monnet	maçon	1861	—
Malatier-Lavenir	cultivateur	1858	—
Braillon-Sivignon	aubergiste	1871	—
Vve Tribollet-Noly	laveuse	1836	—
Fougeras-Canard	cultivateur	1885	—
Nuzillet-Fournier	menuisier	1863	—
Berger-Cottin	hôtelier	1880	—

NOM PATRONYMIQUE.	Profession	Naissance.	Lieu de résidence.
Vve Sanlaville-Granjean............	rentière	1843	Bourg
Chevalier-Labrosse	rentier	1853	—
Desmurs-Thomas	menuisier	1844	—
Vve Baligand-Thomas.............	rentière	1834	—
Bauland-Thomas	tisserand	1856	La Chure
Desbois-Chanut	cordonnier	1862	—
Vve Clair-Bénas...................	rentière	1842	—
Gelin-Malatier	maçon	1846	—
Ducloux-Labrosse	rentier	1843	—
Bouton-Lathuillère	charpentier	1869	Les Combes
Braillon-Basset	cultivateur	1877	—
Basset-Vouillon	rentier	1830	—
Vve Moïse-Thevenet..............	rentière	1837	Vicelaire
Malatier-Gelin	cultivateur	1857	—
Jandard-Hussard	—	1869	—
Vouillon-Dury	rentier	1845	—
Vouillon-Chevalier	cultivateur	1871	—
Roy-Dumoulin	poseur au P.-L.-M.	1857	—
Dumont-Vouillon	rentier	1853	—
Balligand-Alloin	cultivateur	1859	—
Vve Dury-Goyard.................	cultivatrice	1858	—
Philibert-Comte	rentier	1849	—
Jandot-Mathieu	cultivateur	1866	—

NOM PATRONYMIQUE.	Profession.	Naissance.	Lieu de résidence.
Carrette-Bidaud	cultivateur	1843	Vicelaire
Nuzillet-Roilet	—	1867	—
Thomas-Corneloup	—	1871	—
Sambardier-Chanut	—	1861	—
Lapalus-Forêt	—	1857	—
Vve Lapalus-Malatier	cultivatrice	1848	—
Lapalus-François	cultivateur	1867	—
Lapalus-Sanlaville	—	1871	—
Guilloux-Vouillon	—	1876	—
Michon-Dargaud	—	1863	—
Grisard-Thomas	—	1866	—
Sambardier-Vézant	—	1857	—
Bailly-Baligand	—	1861	—
Bonnot, J.-Marie	—	1888	—
Malatier-Vouillon	—	1849	Longuebise
Braillon-Jolivet	—	1879	—
Passot-Tardy	—	1843	—
Grisard-Dury	—	1859	—
Vouillon-Bosland	—	1865	—
Descôtes-Lapalus	—	1857	—
Petit-Luzy	—	1868	—
Bauland-Braillon	maçon	1862	Saint-Cyr
Sivignon-Villecourt	cultivateur	1875	—

NOM PATRONYMIQUE.	Profession.	Naissance.	Lieu de résidence.
Sivignon-Blanchard	rentier	1843	Saint-Cyr
Dlle Descôtes	cultivatrice	1862	—
Desbois-Sivignon	cultivateur	1844	—
Labrosse-Lathuillère	—	1863	Le Canton
Noly-Michon	—	1862	Saint-Cyr
Sivignon-Villecourt	—	1849	—
Sivignon-Morel	—	1881	—
Marin-Plassard	—	1854	Grands-Vernays
Malatier-Morel	—	1851	—
Lapalus-Vouillon	—	1877	—
Thomas-Dussauge	—	1876	—
Gueurce-Lapalus	—	1861	—
Terrier, J.-Claude	—	1843	—
Laroche-Labrosse	—	1857	—
Vve Laroche-Lathuillère	rentière	1835	—
Tardy-Defay	sabotier	1847	Le Buisson
Nuzillet-Tardy	cordonnier	1866	—
Thomas-Ducrozet	rentier	1837	—
Vve Thomas-Guichard	cultivatrice	1842	—
Dargaud-Mathieu	—	1884	Les Janauds
Mme Aumeunier	chef de station	1875	La Gare
Nesme-Corneloup	rentier	1847	—
Balligand-Dargaud	cultivateur	1862	Nurux

NOM PATRONYMIQUE.	Profession.	Naissance.	Lieu de résidence.
Malatier-Rhotivel	cultivateur	1864	Nurux
Reboux-Desbois	rentier	1853	La Gare
Therville-Bacot	cultivateur	1877	Nurux
Vve Therville-Tarlet	rentière	1850	—
Dury-Terrier	rentier	1837	—
Dury-Murard	cultivateur	1871	—
Jugnon-Alloin	—	1852	—
Matray-Thomas	—	1856	—
Yvrard-Marquet	brig^r-poseur	1875	—
Savin-Morin	cultivateur	1857	—
Dargaud-Lapalus	—	1858	—
Lambert-Savin	—	1852	—
Lambert-Labrosse	—	1886	—
Chevalier-Bacot	—	1881	—
Petit-Clair	—	1871	—
Vve Malatier-Dussauge	cultivatrice	1843	Longverne
Malatier, Joanny	cultivateur	1877	—
Fargère-Châtelet	—	1894	—
Thomas-Sambardier	cultiv^r-aubergiste	1882	—
Thomas-Dussauge	rentier	1850	—
Desbois-Sambardier	garde champêtre	1849	—
Lapalus-Thomas	cultivateur	1881	—
Gilles-Combier	—	1871	—

NOM PATRONYMIQUE.	Profession.	Naissance.	Lieu de résidence.
Dussauge-Reboux	cultivateur	1861	Longverne
Lorton-Dallery	—	1854	—
Michon-Descôtes	—	1878	—
Matray-Bajard	—	1885	—
Descôtes-Lapalus	charpentier	1860	—
Terrier-Nuzillet	cultivateur	1854	Les Janauds
Lapalus-Corneloup	—	1879	—
Lapalus-Reboux	rentier	1844	—
Vve Gelin-Thomas	rentière	1849	—
Gelin-Mathieu	marchand de vins	1873	—
Laffay-Terrier	cultivateur	1858	—
Bernillon-Thomas	—	1863	—
Reboux, Laurent	rentier	1851	—
Reboux-Jeandeaux	charron-forgeron	1881	—
Sambardier-Bonnetain	cultivateur	1852	—
Nesme, Jacques	—	1860	—
Nesme-Desperrier	—	1876	—
Dussauge-Lapalus	—	1867	—
Balligand-Mathieu	—	1874	—
Mathieu-Thomas	—	1854	Milliade
Guérin, Jean	—	1862	—
Thomas-Terrier	—	1871	—
Colin-Prost	—	1879	Le Pas

NOM PATRONYMIQUE.	Profession.	Naissance.	Lieu de résidence.
Bonnetain-Saulaville	cultivateur	1857	Le Pas
Bonnetain, J.-Pierre	—	1886	—
Vernay-Thomas	—	1873	—
Augoyard-Terrier	—	1861	Valland
Basset-Chalandon	—	1873	Croix-de-Charnay
Vouillon, Pierre	—	1868	—
Mathieu-Thomas	—	1857	Les Terres
Thomas-Fayard	rentier	1836	—
Terrier-Bonnetain	cultivateur	1866	—
Petit-Robin	maçon	1866	Le Marolle
Laronze-Robin	cultivateur	1852	—
Augoyard-Desbois	—	1854	—
Morin-Châtaignier	—	1845	Anglure
Rhotivel-Thevenet	—	1836	—
Rhotivel-Laronze	—	1875	—
Morin-Morin	—	1869	Charnay
Morin-Terrier	—	1881	—
Morin-Perrier	—	1871	—
Gilles-Sambardier	—	1871	—
Genête-Chemarin	—	1848	—
Desbois-Labrosse	—	1879	—
Desmurs-Thomas	rentier	1843	—
Nesme-Desmurs	cultivateur	1868	—

NOM PATRONYMIQUE.	Profession.	Naissance.	Lieu de résidence.
Morin-Terrier	cultivateur	1877	Charnay
Morin-Jugnet	—	1841	—
Morin-Léchère	—	1836	—
Morin-Mathieu	charron	1870	—
Morin, Laurent	cultivateur	1882	—
Deux-Besson	rentier	1831	Villars
Thevenet-Sanlaville	cultivateur	1854	—
Vve Boyer-Roy	rentière	1826	—
Vve Noyer-Boyer	cultivatrice	1858	—
Noyer-Villecourt	cultivateur	1884	—
Deux-Sivignon	cultivatrice	1861	—
Vouillon, Jean	cultivateur	1866	—
Vouillon-Gilles	—	1864	—
Thevenet-Catin	—	1851	—
Mazille-Deux	—	1864	—
Vve Deux-Guittard	rentière	1836	—
Alloin-Vouillon	cultivateur	1852	—
Desperrier-Deux	—	1859	—
Billonnet-Bouton	—	1885	Combrenot
Vve Chevalier-Sivignon	cultivatrice	1859	—
Bouton-Courtois	cultivateur	1845	—
Therville-Moïse	—	1855	—
Petit-Villecourt	cultivatrice	1846	—

NOM PATRONYMIQUE.	Profession.	Naissance.	Lieu de résidence.
Belin-Mathieu	cultivateur	1871	Le Potet
Fougeras, J.-Marie	—	1852	En Vernayot
Sanlaville-Decrozant	—	1861	Le Tronchat
Laroche-Joly	—	1857	—
Vve Laroche-Chevalier	cultivatrice	1863	—
Lannes-Laroche	cultivateur	1887	—
Murard-Chemarin	—	1871	—
Bacot-Jandard	—	1876	—
Chevalier-Forêt	—	1884	—
Guillemin-Labrosse	—	1883	—
Labrosse-Comte	—	1854	—
Laroche-Lagrost	rentier	1854	Vigousset
Buisson-Villecourt	cultivateur	1862	—
Vve Buisson-Bernardin	rentière	1841	—
Vve Fargère-Besson	—	1834	—
Lannes-Charcosset	cultivateur	1851	—
Petit-Mathieu	—	1876	—
Desgeorges-Charcosset	meunier	1882	—
Vve Desgeorges-Raquin	rentière	1860	—
Guilloux-Chaintreuil	cultivateur	1859	—
Guilloux-Lacondemine	—	1854	—
Colin-Lardy	—	1852	Les Hayes
Vve Alloin-Janiaud	cultivatrice	1854	Polcy

NOM PATRONYMIQUE.	Profession.	Naissance.	Lieu de résidence.
Alloin-Michel	cultivateur	1882	Polcy
Narboux-Bonnot	—	1864	Les Mollards
Cottin-Balligand	—	1839	—
Cottin-Villecourt	—	1884	—
Jandard-Dargaud	—	1848	Grand'Combe
Jandard-Thevenet	rentier	1850	Haut-du-Spay
Moret-Therville	cultivateur	1883	Les Bruyères
Vve Moret-Fournier	rentière	1846	—
Moret, Jean-Marie	rentier	1845	—
Quelin-Colin	cultivateur	1869	—
Vve Quelin-Sambardier	rentière	1847	—
Sambardier-Moret	cultivateur	1855	—
Alix-Jomain	—	1882	Vauzelles
Vernay-Morin	—	1877	—
Vve Sivignon-Lapalus	rentière	1850	—
Vve Comte-Chevrot	—	1840	—
Comte, Jacques	sabotier	1865	—
Nuzillet-Grisard	cultivateur	1858	—
Nuzillet Dussauge	—	1885	—
Jomain-Alloin	—	1883	—
Loison-Lapalus	—	1868	—
Lapalus, Elisabeth	rentière	1851	—
Vve Marin-Reboux	—	1849	—

NOM PATRONYMIQUE.	Profession.	Naissance.	Lieu de résidence.
Antoine-Millier	cultivateur	1866	Vauzelles
Nuzillet-Corneloup	—	1859	—
Nuzillet-Bernillon	—	1885	—
Jomain-Châtaignier	—	1855	—
Moudon-Rhotivel	—	1867	—
Prost-Nuzillet	—	1854	—
Duperret-Sanlaville	—	1872	—
Jomain-Fumet	—	1851	..

Noms des personnes actuellement âgées de 75 ans et au-dessus

Avec l'indication de leurs résidences.

DÉSIGNATION DES PERSONNES	Année de la naissance	Lieux de résidence dans la Commune
Philibert Cottin	1839	Les Mollards
Raymond Dury	1837	Nurux
Jean Thomas	1837	Le Buisson
Vve Moïse--Thevenet	1837	Vicclaire
Jean-Marie Thomas	1836	Aux Terres
Jacques Morin	1836	Charnay
Vve Deux-Guittard	1836	Villars
Vve Chemarin	1836	Bourg
Jean Rothivel	1836	Anglure
Vve Laroche	1835	Grands-Vernays
Vve Fargère	1834	Vigousset
Vve Baligand-Thomas	1834	près le Bourg
Vve Barraud	1832	Bourg
Vve Deux-Guittard	1832	Villars
Benoît Deux	1831	Villars
J.-Marie Basset	1830	Les Combes
Jean-Pierre Thomas	1828	Bourg
Vve Boyer	1826	Villars
Philibert Bauland	1824	La Chure

Comme contraste à la liste des anciens, voici celle des « tout à fait jeunes » :

1. Francia Terrier, née au bourg, le 26 janvier 1913 ;

2. Claudia-Marie-Louise Chevalier, née à Nurux, le 29 janvier 1913 ;

3. Jeanne-Clotilde Rhotivel, née au Haut-du-Spay, le 1er mars 1913 (vient tout récemment de quitter la commune avec ses parents) ;

4. Francine Robin, née au Potet, le 10 mars 1913 ;

5. Claudia Prost, née au Bourg, le 29 mars 1913 ;

6. Claude-Marie Sivignon, né à Saint-Cyr, le 15 avril 1913 ;

7. Antoine Duperret, né à Vauzelle, le 25 avril 1913 ;

8. Marcel Chapuis, né au Bourg, le 27 avril 1913 ;

9. Jacques Marin, né aux Grands-Vernays, le 5 juin 1913 ;

10. Marie-Julie Chevalier, née au Tronchat, le 1er juillet 1913 ;

11. Claude-Marie-Francis Alix, né à Vauzelle, le 14 août 1913 ;

12. Henri-Auguste Lapalus, né à Longverne, le 5 septembre 1913 ;

13. Marie-Claudia Lannes, née au Tronchat, le 26 septembre 1913 ;

14. Marie-Thérèse Lapalus, née à Vicelaire, le 19 novembre 1913.

(Copie du Registre des naissances de l'année 1913.)

Tableau des naissances, des décès et des mariages

Par périodes de dix ans, depuis le 1ᵉʳ janvier 1793 (11 nivôse an I) jusqu'au 1ᵉʳ janvier 1913, c'est-à-dire pendant un espace de 120 ans.

(Voir page 14 la population de notre commune à diverses époques).

1° NAISSANCES

		Moyenne par année.
De 1793 à 1803	440	44
1803 à 1813	421	42
1813 à 1823	434	43
1823 à 1833	450	45
1833 à 1843	383	38
1843 à 1853	424	42
1853 à 1863	422	42
1863 à 1873	344	34
1873 à 1883	312	31
1883 à 1893	324	32
1893 à 1903	232	23
1903 à 1913	191	19

2° DÉCÈS

		Moyenne par année.
De 1793 à 1803...	290	29
1803 à 1813...	335	33
1813 à 1823...	277	27
1823 à 1833...	266	26
1833 à 1843...	261	26
1843 à 1853...	262	26
1853 à 1863...	313	31
1863 à 1873...	257	25
1873 à 1883...	190	19
1883 à 1893...	125	12
1893 à 1903...	206	20
1903 à 1913...	159	16

3° MARIAGES

		Moyenne par année.
De 1793 à 1803...	112	11
1803 à 1813...	81	8
1813 à 1823...	117	11
1823 à 1833...	96	9
1833 à 1843...	98	10
1843 à 1853...	104	10
1853 à 1863...	78	8
1863 à 1873...	78	8

1873 à 1883............	89	9
1883 à 1893............	95	9
1893 à 1903............	79	8
1903 à 1913............	103	10

P. S. — L'année 1913, qui ne figure pas dans le tableau ci-dessus, a donné les chiffres suivants :

Naissances : 16 ; Décès : 16 ; Mariages : 12.

On remarquera que les chiffres des naissances et des mariages ont subi une petite diminution à l'époque des guerres du Premier Empire.

Etude morale sur la Famille.

PRÉAMBULE

Au cours de ces soirées, à la fois instructives et récréatives, qu'on désigne sous le nom de *conférences populaires* ou plus simplement de *veillées d'hiver*, il m'est arrivé de traiter quelques sujets que j'avais à cœur de développer d'une façon plus spéciale.

Au nombre de ces derniers, figure en première ligne le suivant : *La famille*.

Je n'ai pas eu la prétention d'exposer une question de droit relative aux diverses organisations légales de la famille à travers les âges. Une telle entreprise eût dépassé mes forces. Je me suis borné, sur ce point, à rappeler sommairement comment était constituée l'organisation familiale chez les principaux peuples.

Par contre, j'ai développé plus longuement et à un point de vue personnel, la partie éducative de la dite question.

Je suis loin, d'ailleurs, d'avoir dit tout le nécessaire sur cette seconde partie, car il eût fallu plusieurs séances et encore beaucoup de choses seraient restées dans l'ombre.

Mais, qu'on se représente l'auditoire auquel je m'adressais : cent cinquante personnes environ, y compris une trentaine d'enfants de l'école.

Ceci exposé, je transcris à peu près textuellement le sujet dont il s'agit.

J. R.

Etude morale sur la Famille.

PLAN DU SUJET

PREMIÈRE PARTIE

Historique de la famille : chez les Juifs, en Grèce, à Rome, au moyen âge et jusqu'à la Révolution. — Période contemporaine.

DEUXIÈME PARTIE

Recherche des moyens propres à éveiller et à développer ce qu'on nomme « l'esprit de famille » ou encore « *le sentiment de la famille* ».

. . . .

On donne le nom de famille au groupement humain composé d'un père, d'une mère et d'un ou plusieurs enfants.

Dans un sens plus étendu, le terme de famille s'applique à l'ensemble des êtres qui, à un degré de parenté plus ou moins éloigné, sont unis par le sang ou par les alliances.

La famille, telle que nous la comprenons aujourd'hui, est la base de la Société. Elle constitue « le premier anneau de la grande chaîne de l'humanité ».

C'est l'institution sacrée par excellence.

Toutes les écoles philosophiques, sauf la triste école anarchiste, l'admettent et professent pour elle le plus profond respect.

Si nous remontons aux temps les plus reculés, à cette époque qu'on a appelée l'âge de pierre, nous voyons que l'homme n'avait pas de famille proprement dite.

Les hommes d'alors, habitant une même

région étaient groupés, sans liens bien établis, sous l'autorité d'un vieillard.

C'était l'époque dite patriarcale, dont l'épanouissement complet s'est manifesté chez le peuple hébreu.

Le patriarche était à la fois : père, aïeul, juge, chef militaire. Il avait presque les honneurs d'un souverain.

De la mère, il n'est nullement question. Or, sans le rôle de la mère, nettement consacré par la loi ou la tradition, on peut dire que la famille n'existe pas réellement.

De ces temps antiques, passons en Grèce, c'est-à-dire à l'un des premiers foyers de la civilisation humaine. Qu'y voyons-nous ? C'est que la famille est assujettie à un certain nombre de lois.

Par exemple, le citoyen grec ne doit pas prendre de femme en dehors de sa ville. Il est obligé de se marier, s'il ne veut pas encourir de fortes amendes.

(Vous voyez que l'idée de l'impôt sur les célibataires, dont il a été souvent question, notamment en 1848, date de fort longtemps.)

Le père ne peut ni vendre son enfant, ni le renier en vue de le priver d'un héritage.

La question de l'éducation, qui occupe une si large et si juste place dans notre Société moderne, ne préoccupait qu'indirectement les parents de cette époque lointaine.

C'est à l'Etat seul qu'incombait cette lourde charge. Et ce dernier ne visait qu'un but unique : préparer au pays de robustes défenseurs et des citoyens éclairés. Ce qui, assurément, constituait déjà une belle et noble tâche.

Mais aussi, est-ce dans ce but trop spécial et trop absolu de conservation sociale, que les enfants nés contrefaits ou simplement chétifs étaient impitoyablement sacrifiés ou, pour dire le mot, mis à mort.

On ne laissait vivre que ceux dont l'apparence dénotait la vigueur et la beauté.

Telles étaient dans leur ensemble et en résumé les lois établies par les hommes illustres qu'on nomme : Platon, Lycurgue, Solon, Dracon, etc.

Notre civilisation quelque peu sentimentale ne s'accommoderait guère de ces mœurs rigoureuses et même barbares.

Chez nous, plus un enfant est faible, débile, plus il est disgrâcié de la nature plus nous l'entourons de soins et de tendresse. Et nous avons grandement raison !

Si, de la Grèce, nous passons chez les Romains, nous constatons le pouvoir illimité du père de famille. Ce dernier a le droit de vie et de mort sur sa femme et ses enfants. A la naissance de ceux-ci, le père décide en toute souveraineté s'ils doivent vivre ou mourir !...

L'empereur Constantin Ier, qui vivait vers l'an 300 de notre ère, fit bien quelques lois sévères en vue de diminuer l'autorité paternelle ; néanmoins, cette puissance du père reste très forte et se maintient comme telle pendant tout le moyen âge.

Et si nous considérons la famille à une époque très rapprochée de nous, sous Louis XV et Louis XVI, par exemple, nous voyons l'autorité du chef s'exerçant d'une façon rude et parfois tyrannique.

D'ailleurs, l'inégalité la plus choquante règne au sein de la famille. On n'aime réellement, on ne considère bien que l'aîné. Lui seul représente le nom, la maison, la lignée.

A lui seul sont réservés les titres, les honneurs et la fortune. Il peut même attenter à la liberté de ses frères et sœurs, en les faisant emprisonner, si tel est son désir.

En un mot, il est pour ces derniers, ou du moins il peut être un supérieur, un maître.

Les cadets n'avaient pour ressources que le métier des armes et les dignités épiscopales.

Quant aux filles non dotées, si elles n'épousaient pas un gentilhomme pauvre, elles entraient généralement dans l'une des nombreuses communautés qui existaient alors.

Voilà quelles étaient les lois et coutumes en usage chez les nobles.

En ce qui concerne le peuple, les choses se passaient relativement de la même façon. Le droit d'aînesse y fonctionnait également et l'autorité paternelle était tout aussi excessive.

Cette situation de la famille en France a heureusement pris fin, depuis plus d'un siècle. Et notre époque tant décriée nous présente assurément un tableau autrement conforme à la justice et à l'humanité que celui de la famille d'autrefois.

Actuellement, le père et la mère sont presque égaux devant la loi ; ils le sont en réalité, dans la pratique.

L'égalité absolue existe entre les enfants ; les parents ne favorisent plus qu'exceptionnellement un enfant aux dépens des autres.

Cette égalité a rendu beaucoup plus vives l'amitié et l'affection fraternelles et certainement aussi, l'amour filial.

D'autre part, en devenant moins rigides, moins solennels et plus justes, les parents sont devenus plus chers et plus respectables à leurs enfants.

Eh bien ! on ne saurait le nier, à qui devons-nous cet heureux changement ?

Disons-le nettement : au Christianisme et à la Révolution française de 1789 qui ont apporté dans nos mœurs et dans nos lois, plus d'humanité et plus de justice que tous les peuples célèbres dont nous avons parlé.

Nous acquitterons notre dette de reconnaissance en cherchant sans cesse à nous perfectionner dans la voie qui nous a été tracée.

DEUXIÈME PARTIE

J'aborde maintenant la seconde partie de mon sujet : la partie éducative.

Mon but est d'exposer l'ensemble des moyens que je crois susceptibles de pouvoir contribuer au développement de l' « esprit de famille », c'est-à-dire de ce sentiment qui consiste à respecter et à faire respecter le nom que l'on porte, à ressentir les joies et les peines qui peuvent survenir aux membres de la famille à laquelle nous appartenons.

Quelques esprits chagrins, assurément de bonne foi, ne cessent de répéter que le sentiment de la famille va s'affaiblissant de jour en jour.

Ils prétendent qu'on ne s'aime plus entre parents comme autrefois ; qu'on ne vit plus groupés les uns près des autres comme jadis : que les enfants tendent de plus en plus à s'affranchir de la tutelle familiale, etc.

Et l'on dit bien d'autres choses sur lesquelles je ne m'arrêterai pas, car il est dangereux à mon avis, il est imprudent tout au moins, de répéter, même ironiquement, certains propos dissolvants qui n'ont très souvent d'autre effet que de jeter des doutes ou de confirmer certaines appréhensions erronées, surtout quand on manque de temps pour réfuter les uns et les autres.

Eh bien non ! à mon humble avis toutefois, le sentiment de la famille n'a pas diminué en France. Et l'éducation que nous donnons à l'école — et après l'école — ne peut que le fortifier davantage.

Les familles sont certes moins nombreuses et

surtout beaucoup plus dispersées qu'il y a un demi-siècle seulement ; mais n'en sont-elles pas moins unies ?

Vous savez à quoi tient cette dispersion, cet émiettement de la famille : au morcellement de la propriété qui, à force de se produire, est arrivée à son extrême limite ; aux facilités des communications de plus en plus grandes. Car on est à la fois éloigné et rapproché les uns des autres, grâce au chemin de fer, à la poste, au télégraphe et au progrès incessant de l'instruction.

Ajoutons à ces causes, l'essor de plus en plus considérable du commerce et de l'industrie, l'expansion coloniale dont la marche, pour être lente, n'en est pas moins réelle. Ajoutons encore, si nous le voulons, un certain besoin d'indépendance personnelle, mais qui ne nuit en rien aux bons sentiments.

Eh bien, réfléchissons : Qu'y a-t-il de mauvais, de vicieux et d'alarmant en tout cela ?

En ce qui me concerne, je n'y vois rien de grave, rien de dangereux pour le maintien de la bonne harmonie dans les familles.

Les faits que je viens de rappeler tiennent, vous le savez, au grand changement qui s'est opéré, depuis un siècle, dans notre condition d'existence.

C'est tout simplement à nous d'en prendre notre parti et de nous en accommoder.

Au reste, tout allait-il donc pour le mieux dans ces groupements sous le même toit de trois ou quatre ménages ?...

Est-ce que les pères, mères, gendres et brus de ces temps si vantés étaient des êtres plus parfaits que nous le sommes ?

Cela n'est pas prouvé. C'est dire qu'il est permis de rester sur le doute.

Il n'est nullement nécessaire que les membres d'une famille vivent journellement ensemble pour être en bon accord. On entend même dire très couramment que l'affection et la concorde entre parents croissent en raison directe de leur éloignement réciproque.

Ce jugement, que je suis loin d'énoncer comme un principe absolu, s'explique fort bien ; et il nous montre que l'opinion publique, dont il est l'écho, ne s'effraie pas du tout de la dispersion des familles.

L'harmonie résistera sans peine au temps et à la distance si la première éducation a été bonne. Si cette dernière a été mauvaise, le groupement et la concentration des parents n'empêcheront nullement la discorde de régner entre eux ; au contraire.

En effet, lorsque la souche de famille est saine et que, tout jeune, l'homme y a reçu des impressions bienfaisantes, on a beau le détourner et le corrompre, jamais il n'est complètement perdu. Il suffit d'une bonne parole dite à propos, pour le ramener au bien.

Par contre, l'influence d'une mauvaise éducation a de quoi décourager les meilleures volontés.

Il n'y a qu'à considérer l'œuvre moralisatrice des maisons de correction, des colonies pénitentiaires et des prisons : l'homme ou l'enfant qui y pénètre n'en sort généralement guère purifié, mais très souvent perverti davantage.

C'est pourquoi il importe, au plus haut degré, que la première éducation soit aussi parfaite que possible.

Pour cela, point n'est besoin de connaître à fond les savantes théories sur la matière. Il suffit simplement de faire ce que la nature, le bon sens et l'expérience indiquent au plus ignorant comme au plus instruit.

L'ensemble des préceptes traitant de cette délicate question peut se résumer en deux mots : affection et dévouement. Les plus belles leçons tiennent dans cet autre précepte : donner le bon exemple.

Voilà pour les parents.

En ce qui regarde les enfants, ces derniers n'ont qu'à être bien pénétrés de ces trois principes : amour, respect, reconnaissance.

L'enfant qui manque d'affection et de respect à l'égard de ses parents est un être foncièrement méprisable.

On peut en dire autant de celui qui les paie d'ingratitude ou qui rougit de leur humble condition.

Permettez-moi de vous raconter deux exemples de ce genre. J'engage les jeunes gens qui m'écoutent à en faire leur profit.

Un brave tisserand de village ayant remarqué chez son fils d'heureuses dispositions pour l'étude résolut d'en faire ce qu'il appelait « un savant ».

Voulait-il que son enfant devînt avocat, médecin ou ingénieur, je n'ai pas fait préciser ce détail, car il ne s'agit pas d'une histoire inventée à plaisir, mais d'un fait arrivé et certifié très exact. Toujours est-il qu'après de durs sacrifices pécuniaires, le fils du tisserand avait suivi les cours d'un lycée voisin et était sur le point d'être reçu bachelier.

Or, un jour, le bon artisan s'en alla voir son fils.

L'entrevue eut lieu, selon l'usage, dans une salle spéciale affectée aux visiteurs et qu'on nomme le parloir.

L'entretien terminé, le lycéen accompagna son père quelques pas dans la rue, puis la séparation se fit.

Mais voilà qu'au bout de peu d'instants, l'étudiant se retourne brusquement et s'écrie : « Hé ! Hé ! » Sans doute il avait oublié de dire quelque chose à son père. Celui-ci, ne distinguant pas nettement la voix qui l'appelait, continuait son chemin. Mais le jeune homme, de crier de plus belle : « Hé ! l'homme, hé l'homme !. Cette fois, le tisserand comprit. Il s'avança tristement vers son fils et lui dit : « C'est toi, Pierre, qui m'appelle ainsi ! Tu n'oses déjà plus, au milieu de la rue, me reconnaître pour ton père ; la blouse que je porte te fait rougir ! Que sera-ce plus tard, si tu parviens au but que ta mère et moi avons rêvé pour toi ! »

Et l'entretien prit fin sur ces mots sortis du cœur blessé d'un malheureux père !...

Hélas ! trop d'enfants ne ressemblent-ils pas, de quelque façon, à ce jeune orgueilleux ?

Je vous ai promis le récit d'un autre trait d'ingratitude envers ses parents ; le voici :

Il s'agit, cette fois, d'un plus haut personnage, d'un poète du XVIIIe siècle qui a nom : J.-B. Rousseau. Ce dernier avait réussi à faire représenter une de ses meilleures pièces. Le public s'était, ce jour-là, montré prodigue d'applaudissements.

Or, le père de l'auteur, un modeste serrurier, se trouvait présent dans la salle du théâtre.

Au dernier entr'acte, il se risqua dans les coulisses, lieu où se rendent les artistes quand la toile est baissée.

Quelle ne fut pas la joie de ce père en voyant son enfant entouré et complimenté par une foule de beaux messieurs ! Et, tout heureux de faire à son fils une douce surprise, il s'avança vers lui, les bras ouverts.

Mais, d'un geste bref, le poète repoussa l'humble serrurier en disant ces mots : « Monsieur, je ne vous connais pas ! — Ah ! tu ne me connais pas, Baptiste ! tu ne me connais pas !...»

Le pauvre homme n'en put dire davantage. Et, tristement, les yeux remplis de larmes, il se retira, laissant dans son orgueilleux triomphe, son ingrat et méchant fils...

Ne suffit-il pas de signaler de tels faits pour montrer combien l'ingratitude envers ses père et mère est chose odieuse? Est-il besoin d'une plus longue dissertation sur ce chapitre? Je ne le pense pas.

Mais, puisque les récits paraissent vous intéresser, je vous en raconterai d'autres qui, j'en suis sûr, ne soulèveront pas votre cœur d'indignation.

Un général romain, recevant un jour les suprêmes honneurs du triomphe réservés aux conquérants, aperçut parmi la foule son père qui n'était qu'un obscur citoyen. Il descendit aussitôt du char sur lequel il était monté et s'approcha tout heureux de l'auteur de ses jours. Il le salua et l'embrassa avec le plus tendre respect.

Diderot, grand philosophe du XVIIIe siècle, entendit un jour le propos suivant : « Monsieur Diderot, vous êtes bien bon, vous êtes savant ; mais tout vertueux et célèbre que vous soyez, vous ne valez pas encore votre père. » — « Je ne sais pas, ajoute Diderot, qui rapporte lui-même ce fait, si les pères sont contents d'avoir des enfants qui les surpassent en mérite ; mais moi, je le fus beaucoup d'entendre dire que mon père valait mieux que moi. D'ailleurs, je suis convaincu qu'on m'a dit la vérité. »

Ecoutez encore ce qu'a écrit Pasteur, à l'occasion d'une plaque commémorative posée en son honneur sur sa maison natale : « O toi, mon cher père, toi dont la vie fut aussi rude que ton rude métier, tu m'as montré ce que peuvent faire la patience et les longs efforts. C'est à toi que je dois la ténacité dans le travail quotidien. Non seulement tu avais les qualités persévérantes qui font les vies utiles, mais tu avais l'admiration des grands hommes et des grandes choses. Et toi, ma vaillante mère, qui as su me communiquer les enthousiasmes, merci mille fois... Soyez bénis l'un et l'autre, mes chers parents, pour tout ce que vous avez été pour moi. Et laissez-moi vous reporter l'hommage fait aujourd'hui à ma maison natale. »

Je termine ces citations par les quelques mots suivants de notre illustre poète Lamartine :

« Dans tout ce qui m'arrive d'heureux ou de triste, ma pensée se tourne constamment vers ma mère. Je crois la voir, l'entendre, lui parler. Quelqu'un dont on se souvient tant n'est pas absent. »

Voilà, certes, des exemples réconfortants et de nature à développer le sentiment de la famille.

On a constaté que ce sentiment était plus vivace chez les classes aisées que parmi les classes peu fortunées.

Le fait n'est pas rigoureusement exact ; mais, ce qu'il a de vrai s'explique par les raisons suivantes : préoccupations matérielles moins grandes, loisirs plus nombreux et éducation plus complète.

Mais l'une des principales raisons — et sur laquelle j'appelle toute votre attention, — consiste, je crois, dans la transmission de nombreux et précieux souvenirs matériels tels que : portraits, manuscrits variés, armures, titres de toute nature, objets d'art, etc.

Que voit-on, en effet, malheureusement trop souvent ?

C'est que, parmi nous, certaines personnes arrivées à un âge relativement peu avancé, ne se souviennent pas, d'une façon nette, de la condition précise d'existence de leurs grands-parents.

Elles ignorent, à plus forte raison, le passé de leurs ancêtres à un degré plus éloigné.

Et pourquoi ce regrettable oubli ?

Pourquoi ne nous intéresserions-nous pas aussi bien à la vie de nos aïeux qu'à celle des ducs de Bretagne ou des comtes de Provence ou même à celle de personnages de moins grande envergure ?

N'y a-t-il pas dans le passé de nos pères d'aussi bons enseignements à retirer que dans celui des seigneurs en question ?

Pourquoi une simple famille populaire, à défaut de parchemins antiques, de vieilles armures et de chartes séculaires, n'aurait-elle pas ses archives particulières ?

Aujourd'hui, que l'instruction et l'éducation se répandent partout et de plus en plus ; que le bien-être matériel et moral n'est plus, quoi qu'on en dise, l'apanage exclusif d'un petit nombre de privilégiés, pourquoi les traditions, les souvenirs de famille ne se transmettraient-ils pas aussi bien chez le pauvre que chez le riche ?

Serait-ce chose difficile que de recueillir et de conserver avec un peu de soin, quelques lettres et quelques photographies de nos parents et de nos amis ?

Serait-ce impossible à un chef de famille de fixer, en une dizaine de pages, les faits les plus saillants de son existence, si modeste soit-elle ? Rien, d'ailleurs, n'empêcherait de restreindre encore ou de donner plus d'ampleur à ce facile et utile travail.

Combien nous serait précieux le moindre document de ce genre ! Et combien nous le préférerions au plus bel in-quarto traitant d'une science ou d'un art quelconque !

J'ai eu le plaisir, il y a quelques années, de voir un de ces manuscrits de famille chez un vigneron du canton de Givry. Il s'agissait cependant simplement d'une huitaine de feuilles jaunies par le temps, quoique très lisibles encore.

L'auteur du manuscrit parlait de ses ennuis et aussi de ses joies. Il était encore question des événements de l'époque. Je me souviens avoir lu en quatre ou cinq lignes, la relation de la mort d'Henri IV.

Et, comme je paraissais envier la possession de ce document, son détenteur me dit sur un ton résolu : « Voyez-vous, Monsieur, je ne donnerais pas ces quelques feuillets contre autant de billets de cent francs. Il me semblerait vendre le cercueil de mon père. »

Et à voir la figure de cet homme, à entendre le son de sa parole, on se rendait compte qu'il parlait avec sincérité.

C'est que le sentiment de la famille est un sentiment naturel, bon, vif, et qu'à l'exemple d'un sol fertile, il ne demande qu'à être cultivé pour produire des fruits abondants et exquis.

N'est-ce point avec ce sentiment qu'on arrache des larmes de repentir aux êtres les plus pervertis ; n'est-ce pas ce sentiment qui nous console et nous réconforte quand le malheur appesantit sur nous sa lourde main ?

Eh bien ! concluons sur ce point : Ce que nos ancêtres n'ont pas fait pour nous, — et pour de multiples raisons, — faisons-le pour nos descendants.

Les divers documents que nous leur léguerons se transmettront de génération en génération comme un pieux héritage. Chacun des enfants d'une même famille prendra une copie fidèle du manuscrit de son père. De cette façon, l'héritage sera partagé également tout en demeurant intact.

Un autre moyen propre à cultiver l'esprit de famille consiste dans la célébration aussi régulière que possible des fêtes de famille, à l'occasion, par exemple, d'une naissance, d'un mariage, d'un anniversaire, d'un événement heureux, etc.

Pendant que j'accomplissais ma dernière période d'instruction militaire (*mes treize jours*), un jeune sous-officier, enfant du Limousin, me faisait un jour ses confidences au sujet de ses futurs projets. Il était ce qu'on nomme « de la classe ».

« Voici, me disait-il, le petit programme que je vais réaliser dès que je serai libéré, c'est-à-dire, dans trois semaines.

« D'abord, je rentre au pays pour la *fête du retour* ! puis je file à toute vitesse dans la direction de Paris où m'attend mon ancien patron.

— Et qu'appelez-vous *fête du retour*, lui demandai-je, tout en pressentant sa réponse ?

— Eh bien, voilà : C'est l'usage, dans mon pays et dans tous les environs, que lorsqu'un garçon rentre du *service*, tous les membres de sa famille se réunissent et prennent ensemble un bon repas. Si pauvre que soit une famille, il est bien rare qu'elle manque à cette coutume. Voilà pourquoi j'irai d'abord en Limousin avant de me diriger sur la capitale. »

Un beau spectacle à voir également, ce serait que, de temps à autre, tous les deux ou trois ans, par exemple, le plus ancien d'une famille réunisse chez lui, à sa table, tous les membres plus jeunes que lui.

Dans ces réunions, on verrait un essaim de petits enfants, de cousins, de tantes et oncles, etc. Cette solennité pourrait s'appeler la *fête de l'ancêtre*, ou plus familièrement la *fête du grand-père*. Au milieu du repas, l'aïeul prendrait la parole et, en quelques mots simples, donnerait de sages conseils à ses descendants. Il ne serait pas interdit, au contraire, aux jeunes enfants de montrer leur petit savoir en récitant quelques-unes des poésies scolaires et en chantant les meilleurs couplets de leur répertoire. La gaîté et la bonne humeur vont de pair avec les bons sentiments.

C'est au cours de ces charmantes réunions de famille, qui se pratiquent fréquemment dans le nord de la France et en Allemagne, que beaucoup de malentendus se dissipent, que bien des petits froissements disparaissent.

D'ailleurs, essayez ce moyen. Et si vous le connaissez, continuez à le mettre en pratique. Il n'est ni bien coûteux, ni très difficile à réaliser.

J'allais oublier de recommander aux enfants et aux jeunes gens surtout, de ne jamais faire preuve de négligence dans leur correspondance. Rien n'est plus pénible, pour un père et une mère, que de vivre dans l'inquiétude et dans l'attente d'une lettre.

Ne laissez donc jamais vos parents longtemps sans nouvelles.

Les faire languir en se laissant, de loin en loin, arracher quelques mots, est d'un mauvais cœur ou d'une nature absolument indolente.

La correspondance régulière entre parents est encore un des plus précieux moyens de culture de l'esprit de famille.

Un dernier mot.

Est-il à craindre que le culte de la famille nous fasse oublier nos autres devoirs ?

Autrement dit, ce sentiment est-il exclusif ?

Non. Tout au contraire, il nous réchauffe le cœur et nous rend meilleur pour nos semblables.

Les plus ardents philanthropes ont tous été en même temps des enfants affectueux et des pères dévoués.

Parmi les plus célèbres, citons : l'empereur romain Marc-Aurèle, Saint-Louis, roi de France, Lamartine dont je vous ai cité quelques mots tout à l'heure, Victor Hugo, dont je vous entretiendrai sous peu, d'une façon toute spéciale, Edgar Quinet qui prononça une oraison funèbre émue sur la tombe de sa mère, Michelet qui aimait à un égal degré sa famille, sa patrie et l'humanité, L. Pasteur dont je vous ai parlé il n'y a qu'un instant et qui fera le sujet de l'une de nos prochaines soirées, etc.

Mesdames et Messieurs, je résume cet entretien déjà long en répétant bien haut et du fond du cœur, qu'il n'y a pas de réconfortant plus puissant ; qu'il n'y a pas de meilleur soutien et de spectacle plus beau qu'une famille bien unie !

NOTA. — Ainsi qu'on vient de le voir, le sujet ci-dessus est traité sous forme de conférence. C'est que, après l'avoir écrit sous la dite forme, je l'ai ensuite exposé en public, dans la commune de Germagny, où j'exerçais avant d'être nommé à Montmelard.

Culte des grands hommes.

AVANT-PROPOS

Je me disposais, un jour, à donner à un enfant le bon point qu'il venait de mériter. Ce bon point portait au recto le portrait de Fresnel et au verso la biographie de cet inventeur.

Avant de remettre la récompense à l'élève, je lus les quelques lignes concernant les inventions de Fresnel sur l'éclairage des Phares. La courte biographie se terminait ainsi :

« Combien de marins perdus sur l'Océan doivent leur existence à ce grand inventeur ! »

Cette phrase que j'avais sans doute déjà lue, mais sans grande émotion, me frappa cette fois, très vivement. Je la relus et me représentai des milliers de matelots de toutes les nations, errant par une nuit noire, au milieu des vents déchaînés, heureux d'entrevoir au loin la lumière indicatrice du port où l'on trouvera un refuge contre la tempête.

Je vis, parmi ces marins, des enfants, des pères anxieusement attendus par leurs familles. Et j'appréciai, plus que je ne l'avais fait jusqu'alors, les mérites du physicien Fresnel !

En vertu du phénomène commun de l'association des idées, je considérai en bloc les nombreuses inventions dont nous jouissons journellement et dont les auteurs étaient souvent méconnus.

Je vis là, non seulement un effet réel d'ignorance, mais surtout un trait notoire d'ingratitude envers ceux qui, par leurs talents et leurs vertus, nous ont rendu la vie meilleure.

En ce qui me concerne, je découvris une coupable lacune dans mon enseignement. Je me suis efforcé de la combler depuis cette époque.

....

« *Il y a eu parmi nos pères et nos mères des hommes et des femmes héroïques. Le récit de ce qu'ils ont fait de grand élève le cœur et excite à les imiter.* »

(Bruno.)

« *Ce qu'il faut admirer dans les grands hommes, ce n'est pas seulement leur génie, c'est encore et surtout leur travail et leurs vertus.* »

(Le même.)

« *C'est une grande et belle destinée que celle des hommes pouvant se dire, à leur lit de mort : Ma vie n'a pas été inutile à mes semblables.* »

(X...)

« *Tout homme est moralement obligé d'augmenter la somme de bien-être qu'il a reçue de ses ancêtres.* »

(X...)

Heureux aussi celui qui peut se dire :

« *J'ai donné à mes concitoyens un bon métier pour filer le chanvre ; je leur ai enseigné le moyen de conserver le poisson en le faisant sécher à la fumée.* »

(La Hollande a élevé une statue au matelot qui découvrit le moyen de sécher le hareng.)

C'est en m'inspirant des pensées qui précèdent et en songeant combien j'étais imparfait sous le rapport de leur application, que j'ai eu l'idée de donner dans ma classe un plus grand développement à cette question du « Culte des grands hommes ».

C'est pourquoi, je serais heureux de voir entre les mains de mes élèves, un livre contenant un certain nombre de biographies arrangées avec méthode et suivies de commentaires relatifs aux diverses catégories d'hommes illustres.

Je ne voudrais voir dans ces biographies aucune distinction historique ou géographique. Le bien, le beau et le vrai sont dignes d'admiration dans tous les temps et dans tous les lieux.

J'ai la conviction qu'un tel ouvrage serait profitable au perfectionnement moral et intellectuel de l'enfant et de l'adulte.

A défaut du livre en question, ne pourrait-on pas réserver dans le carnet de morale ou d'instruction civique une place spéciale aux principaux bienfaiteurs de l'humanité ?

Les biographies dont je parle ne seraient que des récits abrégés, se rapportant spécialement et à peu près uniquement aux belles actions accomplies par les bienfaiteurs de toute catégorie.

En aucune façon, ce ne serait des analyses littéraires même succinctes, mais simplement des signalements d'actes utiles ou vertueux susceptibles d'encourager à bien faire et qui auraient pour but de mettre en évidence ce que la raison et le sentiment admettent et reconnaissent sans conteste comme bien, comme beau et comme vrai, dans la vie des grands hommes.

Que fait-on, le plus souvent, en ce qui concerne cette intéressante question des grands hommes ?

On raconte incidemment, à propos d'une lecture, d'une dictée ou d'une leçon d'histoire, qucques traits saillants de l'existence d'un personnage célèbre et plus spécialement de celle d'un guerrier fameux.

Parfois, on accompagne cette courte biographie d'un léger commentaire dans lequel on propose en exemple les vertus du personnage dont on vient de parler. Cela est déjà bien, certainement. Mais si l'on est réellement et sincèrement convaincu de l'heureuse influence que peut exercer, en éducation, la connaissance des hommes illustres, il faut bien reconnaître que ce mode d'enseignement n'est pas suffisamment en rapport avec l'importance du sujet.

Il est sage, je crois, en matière d'enseignement surtout, de se défier de toute méthode, de toute pratique qui a lieu incidemment.

Celui qui, par exemple, sous prétexte de ne pas faire ce qu'il dénommerait par dédain un cours de morale, se contenterait de donner des leçons de circonstance, et qui, pour justifier sa méthode ou mieux son absence de méthode, s'écrierait fièrement : « Voilà comment j'entends le véritable enseignement moral » ; eh bien, celui-là, dis-je, malgré une très grande habileté à saisir au passage les incidents de classe, risquerait fort, à mon avis, de laisser de nombreux points dans l'oubli.

Son système d'éducation me semblerait des plus faibles et, par suite, son œuvre éducative fort sujette à caution.

Et il en est ainsi de toutes choses.

Lorsqu'on veut sérieusement s'occuper d'une question, il faut au préalable l'étudier et la méditer longuement, soumettre si possible cette question à la critique et savoir en tenir compte ; il faut ensuite arrêter des résolutions nettes et pratiques. Il convient enfin, pour que la chose étudiée ait une sanction efficace, de lui réserver une place spéciale et indépendante au milieu de nos autres occupations.

C'est le vœu que je forme pour le succès de cette belle et importante question : la connaissance méthodique et obligatoire des bienfaiteurs de l'humanité.

Les nombreux avantages qui résulteraient de cette sorte de culte pour les grands hommes peuvent se grouper en deux séries, savoir :

1° Avantages au point de vue moral ;

2° Avantages au point de vue intellectuel.

AVANTAGES AU POINT DE VUE MORAL

Le culte des grands hommes constituerait :

1° Un tribut d'admiration et de reconnaissance justement dû à ceux qui nous ont légué en héritage le fruit de leur travail, les marques de leur talent et l'exemple de leurs vertus.

2° Un développement pratique, chez l'homme et chez l'enfant, des notions du bien, du beau et du vrai. Et cela, par le récit ému et simple des belles actions qui ornent la vie des hommes illustres, par l'exposé sommaire mais régulier et méthodique de leurs plus importantes découvertes, par le tableau aussi fidèle que possible de leur existence consacrée au travail et au dévouement pour leurs semblables.

3° Ce culte serait une excitation et un encouragement au bien par la meilleure et la plus élémentaire des méthodes : l'exemple.

N'est-il pas triste de constater que beaucoup de personnes, et des mères de famille surtout, ne connaissent pas les noms des illustres bienfaiteurs qui, à la suite de laborieuses recherches, ont réussi à conjurer ces terribles fléaux qu'on nomme la petite vérole, la rage, le croup ?

Ne seraient-elles pas heureuses, ces mères, si, du fond de leur cœur, elles pouvaient rendre hommage à ceux qui, par d'ingénieux procédés, ont rendu les communications relativement faciles aux sourds, aux muets, aux aveugles ; à ceux qui, par de charitables institutions, ont sauvé d'une mort cruelle ou d'une existence misérable des milliers d'enfants abandonnés !

Une véritable mère n'est-elle sensible qu'aux infortunes de ses propres enfants ? Et lors même que les siens ne succombent pas sous l'étreinte du mal, n'éprouve-t-elle pas un trouble douloureux à la vue des pauvres petits êtres décimés qui ne demandaient qu'à sourire à la vie !

Que d'adorateurs auraient, parmi ceux qui ont été éprouvés et dont je suis, les hommes qui parviendraient à mettre un terme aux affrayants ravages causés par la méningite, la tuberculose !

Eh bien, si de nos jours, de tels hommes seraient portés en triomphe, pourquoi, après cinquante ans, cent ans, dix siècles, la postérité aurait-elle oublié leurs bienfaits ?

Le temps et l'ignorance sont les pires agents destructeurs de toute admiration et de toute reconnaissance. Or, ne pouvant empêcher le premier d'accomplir son œuvre, nous pouvons et devons combattre le second avec le plus d'ardeur possible.

Et c'est à nous, éducateurs, qu'incombe cette belle tâche. Par nos efforts et nos recherches, nous devons essayer de sauver d'un coupable oubli, les noms de ceux qui ont réussi à empêcher tant de larmes de couler !

Le remède par excellence, celui que nous devons surtout préconiser et perfectionner, c'est le culte du souvenir. Imaginons tout ce que nous pourrons afin de cultiver cet élément vivifiant et réparateur : le *souvenir*.

Pourquoi les ouvriers des diverses industries,

les travailleurs des champs, les marins, les pêcheurs, ne connaîtraient-ils pas, d'une façon toute particulière, les hommes qui ont perfectionné, honoré et même poétisé leurs professions respectives ?

Je me suis attiré les railleries d'un ami, en lui disant qu'il serait utile que le paysan — toujours trop porté à croire que sa profession occupe, parmi les autres, un rang secondaire, — sût qu'elle a été trouvée belle et honorable par des esprits d'élites tels que : Virgile, Sully, Colbert, Lamartine, George Sand, etc.

Au mot de Virgile, que j'avais malencontreusement prononcé, mon très sensible interlocuteur faillit se trouver mal.

Prononcer, devant un fils de laboureur, le nom de Virgile, quel crime abominable !

Il ne se rendait nullement compte que l'homme le moins instruit, que l'écolier le plus rétif, possédait cependant dans sa mémoire des noms plus difficiles à articuler que celui de l'auteur des *Géorgiques*, ou de la *Petite Fadette*, ou du *Tailleur de pierres de Saint-Point*. Ne serait-ce, par exemple, que ceux de Clodion le Chevelu, de Frédégonde, d'Abdérame, d'Harounal-Raschid, de Ranavalona, etc., pour ne citer que les plus familiers.

Je dois à la vérité de dire que mon dit ami est aujourd'hui totalement remis de son émotion. Il convient parfaitement qu'il ne saurait être nuisible à personne, quel que soit son genre d'occupation, d'avoir devant les yeux comme guides et comme modèles, certains noms illustres.

Il admet que le travailleur manierait son outil avec plus de fierté, quand il saurait que son instrument de labeur a été manié, avant lui, par des hommes de haut mérite ; quand il saurait que sa profession, si modeste soit-elle, a été un sujet de gloire et de considération pour ceux qui l'ont pratiquée avec intelligence.

— Mais alors, ce serait un véritable culte pour les grands hommes que tu voudrais voir établi, me répartit une dernière fois mon contradicteur, devenu plus accommodant. — Et certainement, lui répondis-je, satisfait de voir qu'il avait devancé ma conclusion.

Et les manifestations auxquelles ce culte pourrait donner lieu, ajoutai-je, ne vaudraient-elles pas autant et n'auraient-elles pas aussi bien leur raison d'être que ces bruyantes et naïves fêtes patronales que célèbrent annuellement certaines corporations ouvrières ?

Je ne demande pas qu'on institue une Saint-Jenner, une Saint-Jacquart, une Saint-Parmentier, une Saint-Pasteur, comme on a établi une Saint-Eloi pour les travailleurs du fer, une Saint-Nicolas pour les mariniers et charpentiers en bateaux, une Saint-Vincent pour les jardiniers et vignerons, etc.

Non, je ne manifeste qu'un désir — en attendant mieux, c'est que tout homme jouissant d'un bienfait sache au moins le nom du bienfaiteur, et qu'ensuite ce nom soit pour lui un stimulant pour l'accomplissement du bien.

AVANTAGES AU POINT DE VUE INTELLECTUEL.

Le culte des grands hommes aurait comme résultats intellectuels :

1° L'acquisition, ou tout au moins la possession plus complète, plus méthodique de nombreuses connaissances littéraires et scientifiques. En effet, la biographie des écrivains, des inventeurs, des savants, ne nous met-elle pas en rapport direct avec les diverses matières d'enseignement ?

N'est-il pas reconnu que l'on s'intéresse davantage aux choses de toute nature, quand on sait d'où elles viennent et qui les a faites ?

2° Le développement du génie inventif dont on trouve chez les enfants des marques si caractéristiques.

3° La révélation d'aptitudes non encore manifestées, mais existant en quelque sorte à l'état latent.

Combien d'hommes et d'enfants n'ont-ils pas senti spontanément naître en eux leur véritable vocation : les uns à la vue d'un beau tableau ou d'un spectacle émouvant ; les autres à l'audition d'un air musical ou d'un récit patriotique.

Parmi les exemples historiques, citons : le Corrège, admirant un tableau de Raphaël et s'écriant soudain : *Anch' io son pittore* (Et moi aussi, je suis peintre !) ; Claude le Lorrain, travaillant comme garçon de peine chez Michel Ange et devenant à son tour un grand artiste ; La Fontaine, trouvant, lui aussi, son inclination naturelle en écoutant une ode de Malherbe.

Mais, lors même qu'une vocation ne naîtrait pas aussi spontanément que pour ces personnages illustres et qu'elle résulterait d'une sorte de gestation provoquée par le récit de beaux exemples, n'y aurait-il pas lieu d'être amplement satisfait du résultat ?

Que de travaux mieux exécutés ; que de carrières plus utilement remplies, si chacun suivait véritablement son penchant naturel.

CONCLUSION

La connaissance des grands hommes concourt donc, dans une large mesure, au triple développement de l'intelligence, de la sensibilité et de la volonté ; c'est-à-dire au perfectionnement de l'être moral sous ses trois manifestations fondamentales.

GROUPEMENT DES DIVERS BIENFAITEURS

Les bienfaiteurs de l'humanité peuvent être classés en diverses catégories dont la distinction n'est pas toujours nettement déterminée.

Néanmoins, on peut établir les suivantes :

1° Au point de vue du bien ;
2° Au point de vue du beau ;
3° Au point de vue du vrai.

On peut encore suivre cet ordre :

1° Bienfaiteurs au point de vue intellectuel (les écrivains) ;

2° Bienfaiteurs au point de vue moral (les philanthropes) ;

3° Bienfaiteurs au point de vue physique, matériel (les inventeurs).

Je me suis arrêté à la classification suivante :

1° Les savants, les inventeurs, les médecins célèbres, les philanthropes. Ex. : Pasteur, Fresnel, Jacquart, A. Paré, D' Roux, Montyon, Gutenberg, Papin, etc.

2° Les poètes, écrivains, artistes, orateurs (Corneille, Fénelon, Raphaël, Mirabeau, Gambetta).

3° Les grands patriotes, les hommes vaillants, civils et militaires, les explorateurs, les grands magistrats (Jeanne d'Arc, Bayard, Danton, Daumesnil, l'Hôpital, Daguesseau, Turenne, Stanley, Andréc, Nansen, etc.).

Je n'adopte aucun ordre chronologique spécial. Je ne fais aucune distinction de pays, tout en laissant cependant une plus large part aux grands hommes de la France.

Je crois aussi qu'il serait avantageux, dans le

but de donner le plus de relief possible aux mérites spéciaux des bienfaiteurs, de classer ces derniers, non seulement sous les trois titres sus-indiqués, mais encore de les grouper par spécialités.

C'est ainsi qu'on placerait à côté les uns des autres, les Papin, les Watt, les Marc Seguin, les Stephenson, les Fulton, les Jouffroy d'Abbans, etc.

Dans une autre série, on mettrait : Sully, Colbert, Parmentier, Brémontier, Dombasle, Pasteur, Oberlin, etc.

On trouverait également, en même compagnie, Saint Vincent de Paul, l'Abbé de l'Epée, Channing, Pestalozzi, Franklin, Montyon, de Chambrun, Mme Boucicaut, Mme de Rocca, etc.

....

Voici, pour terminer, la liste d'un certain nombre de personnages qui se sont rendus célèbres par leurs découvertes ou par leurs belles actions.

On attribue au Phénicien *Cadmus* l'invention de l'écriture, au XVI° siècle avant J.-C.

Bacon est un savant moine anglais à qui l'on attribue l'invention de la poudre (1214-1294).

Le navigateur italien *Flavio Gioja* perfectionna, au XIVᵉ siècle, la boussole, inventée de longue date par les Chinois.

Christophe Colomb découvrit l'Amérique en 1492.

Blaise Pascal, savant français, inventa la brouette et fit d'importantes découvertes sur la pression atmosphérique (1623-1662).

Les frères *Mongolfier* ont inventé les ballons en 1753.

Eustache de Saint-Pierre, le brave Calaisien, se dévoua pour ses compatriotes, en 1347.

Guillaume Tell fut le libérateur de la Suisse en 1307.

Jeanne d'Arc, notre grande héroïne française, délivra la France envahie par les Anglais (1412-1431).

Denis Papin inventa la machine à vapeur en 1685.

L'*abbé de l'Epée* est le premier fondateur de l'institution des sourds-muets (1712-1789).

Le Portugais *Péreire* apprit aux sourds-muets à se servir de leurs lèvres pour prononcer les mots.

Chervin est l'auteur de la meilleure méthode pour la guérison du bégaiement (1783-1843).

Jacquard inventa la première machine à tisser la soie (1752-1834).

Montyon fonda de nombreux prix pour récompenser les belles actions et légua une somme importante aux hôpitaux. (1733-1820).

Parmentier eut la gloire de faire apprécier et cultiver la pomme de terre en France (1737-1813)

Franklin inventa le paratonnerre et contribua à l'indépendance de son pays (1706-1790).

Saint Vincent de Paul (1576-1660) fut le premier fondateur des asiles destinés à recueillir les enfants orphelins.

Oberlin défrîcha, assainit et instruisit toute la région des Vosges (1740-1826).

Berthollet découvrit les propriétés décolorantes du chlore (eau de Javelle) et l'emploi du charbon pour purifier l'eau (1740-1822).

Daguerre (1789-1851) et *Niepce* (1765-1833) inventèrent en commun l'art de la photographie.

Oberkamf fonda, à Essonne, la première manufacture de coton qu'ait possédée la France (1738-1815).

Richard-Lenoir établit de nombreuses manufactures pour filer et tisser le coton (1765-1839).

Philippe Lebon découvrit le gaz d'éclairage (1765-1804).

Cuvier parvint à reconstruire et à classer les animaux qui vivaient sur terre avant la venue de l'homme (1769-1832).

Haüy fonda l'institution des jeunes aveugles (1745-1822).

Robert inventa la première machine à faire le papier.

Bouguet, ouvrier mécanicien, inventa le moyen d'accrocher les wagons en évitant les tamponnements.

Brémontier, ingénieur français ; on lui doit l'idée de fixer les dunes de Gascogne à l'aide de semis de pins maritimes (1738-1809).

Dupuytren légua une somme importante à l'école de médecine et prodigua généreusement son talent aux malheureux (1777-1835).

Mathieu de Dombasle inventa une charrue qui porte son nom et plusieurs instruments aratoires (1777-1843).

Jouffroy d'Abbans, Fulton, Watt, inventèrent la navigation à vapeur (1783-1800).

Le baron *Taylor* a fondé en France cinq grandes associations (1789-1879).

Fresnel perfectionna l'éclairage des phares et évita ainsi une foule de naufrages (1788-1827).

Marc Séguin inventa les ponts suspendus et les chaudières tubulaires (1786-1825).

Gay-Lussac inventa l'alcoomètre qui porte son nom (dosage de l'alcool) (1778-1850).

Ampère, Bréguet, Morse, Weastone, Chappe ont pris part à l'invention du télégraphe, en 1790-1820-1834.

Savorgnan de Brazza réussit, sans aucune armée, à placer sous notre domination une grande partie du Congo. Il est né en 1852.

Louis Pasteur a inventé les remèdes contre la rage, le choléra des poules, le charbon des moutons, la maladie du vin, des vers à soie (1822-1895).

Le docteur *Roux* découvrit le remède contre le croup en 1895.

Elias Howe, savant américain, inventa la machine à coudre.

Le savant français *Branly* a contribué à la découverte de la télégraphie sans fil (1900).

Gram Bell, savant américain, est l'inventeur du téléphone (né en 1847).

Edison a inventé le phonographe et perfectionné le téléphone.

FIN

EPILOGUE

. . . .

Ainsi que je l'ai dit précédemment, ce livre m'a demandé diverses recherches et passablement de travail.

Néanmoins, je ne regrette nullement mes peines. Je voudrais être moins pressé d'aboutir et l'augmenter encore de documents nouveaux.

Mais il faut savoir se borner, a dit, en d'autres termes, un poète français.

D'ailleurs, ce genre d'ouvrage n'est jamais terminé. Il y a toujours quelque chose à ajouter, pour peu qu'on veuille faire quelque effort.

Tel qu'il est conçu et exposé, je le livre à l'appréciation indulgente de ceux auxquels je l'ai destiné.

Et quel que soit le jugement, sévère ou bienveillant, qu'on lui réserve, ce volume me rappellera toujours de bien doux souvenirs.

Au cours de ma retraite, si toutefois j'y parviens, il m'arrivera souvent de le feuilleter et je revivrai alors, avec bonheur, les années écoulées au milieu de mes élèves et de leurs parents.

Je reverrai par la pensée la table ovale de la Mairie, où j'ai passé plus d'une heure matinale, en racontant les *Veillées d'hiver* et la *Vie des vieux combattants du pays* ou d'autres sujets d'ordre varié.

Je reverrai, par le souvenir, tous ceux que j'ai mis à contribution pour conduire ma besogne à bonne fin.

Je reverrai le grand Saint-Cyr profiler sa masse imposante dans la fertile vallée de Nurux; je reverrai la petite Ozolette au cours modeste mais gracieux.

Je reverrai ces coteaux, ces vallons et ces montagnes où vivait et où vivra toujours, je l'espère, une population saine, laborieuse et sympathique.

Et pour tout dire en un seul mot, je reverrai Montmelard comme si je ne l'avais pas quitté !...

J. R.

TABLE DES MATIÈRES

Les divers sujets indiqués dans la présente table sont inscrits non par ordre alphabétique, mais dans celui où ils sont traités au cours de l'ouvrage.

Préface	5
Introduction	7
Généralités sur Montmelard (situation, productions, administration, fonctionnaires, commerçants, origine cantonale)	9
Extraits d'anciens registres d'état civil. — Anciens curés	21
Maires, adjoints, gardes champêtres, instituteurs, institutrices, curés (depuis M. Perret)	27
Institutions diverses communales et cantonales : écoles, cimetière, église, presbytère, gare et chemin de fer, chefs de gare, percepteurs, juges de paix et greffiers, notaires du canton, gendarmerie	31
Routes et chemins de la commune (résumé)	42

Bureau de bienfaisance	43
Bureau de poste et téléphone	44
Service vicinal complet	45
Garde nationale communale en 1841	52
Maires, adjoints et conseillers municipaux du canton de Matour	55
Faits contemporains racontés annuellement (1901 à 1914)	59
Particularités. — Coutumes et variétés : Aspect du bourg un dimanche matin	95
Fêtes nationale, patronale et fêtes de familles	99
Les foires de Montmelard	102
Diverses phases de la vie des conscrits	112
Eclipse de soleil de 1912	116
Fête patronale du 16 juin 1912	117
Formalités et coutumes concernant le mariage	119
Les moissons et les battages d'autrefois et d'aujourd'hui	130
Conte en patois et en français	142
Les vendanges (séjour au pays vignoble)	152
Les veillées d'hiver, il y a 50 ans	156
Saint-Cyr et la Tour-Loison	166
L'année 1709 à Montmelard	170
Conseil de revision du 28 août 1913	176
Limitation du territoire communal	190
Division du territoire en sections	200
Mesures de police prises en 1791	204
Etablissement du cadastre communal	207
Les diverses formes de l'impôt avant 1789	211
Etablissement des 4 contributions directes (loi de 1790)	217
Tableau comparatif des gages des domestiques et de la cherté de la vie (autrefois et aujourd'hui)	222

Biographies des anciens combattants : Campagnes du premier Empire, d'Espagne et d'Afrique 230
Campagne de Crimée......................... 237
Campagnes d'Italie et du Mexique............ 240
Campagne de 1870-71......................... 247
Conseil général et Conseil d'arrondissement.... 275
Association mutuelle sur le bétail............. 277
Devinettes en patois et en français........... 288
Tableau de tous les chefs de ménage.......... 293
Liste des plus anciennes personnes............ 306
Liste des plus jeunes......................... 307
Tableau des naissances, décès et mariages, de 1793 à 1913................................. 309
Etude morale sur la famille................... 313
Culte des grands hommes............. 339 à 360

37610. — Imp. X. Perroux et Fils, Mâcon.

IMPRIMERIE X. PERROUX ET FILS, MACON

www.ingramcontent.com/pod-product-compliance
Lightning Source LLC
Chambersburg PA
CBHW070849170426
43202CB00012B/2011